KB073563

나는 브랜딩을 호텔에서 배웠다

나는 브랜딩을 호텔에서 배웠다

사비 털어 호텔 150군데 다니고 찾아낸
돈 버는 마케팅 인사이트 23

정재형 지음

21세기북스

사비 털어 호텔
150군데 넘게 다닌 사연

그날 이후, 난 다시 태어났다

사실 난 호텔을 썩 좋아하지 않았다. 도대체 그 돈을 주고 왜 가는지 당최 이해할 수 없었다. 그 돈이면 맛있는 걸 사 먹거나 쇼핑한번 더하고 말지 싶었다. 전 세계 어떤 스타벅스를 가도 동일한맛과 서비스를 경험하듯이 호텔도 마찬가지라고 생각했다. 그래서 나에게 호텔은 특별한 공간이라기보다 그저 딱딱하고 근엄한공간이었다.

그러던 어느 날, 나는 퇴사를 결심했다. 2019년 12월이었으니 그 당시 내 나이 28세였다. 20대 때는 30세가 되면 뭐라도 될 줄 알 았다. 쉬지 않고 달렸고, 정말 누구보다 열심히 일했다. 칼처럼 대 학교에 입학하고, 군에 입대하고, 복학한 뒤 휴학 한번 없이 한 방 에 졸업하고, 바로 입사했다. 그런데 뒤를 돌아보니 헛헛한 마음 과 동시에 남은 것이라곤 술배와 늘 비어 있는 통장뿐이었다. 뭔 가 이상했다. 이왕 이렇게 된 거 딱 한 번이라도 좋으니 내가 진정 으로 원하는 것을 찾고, 그걸 한번 이뤄보고 싶었다. 그런 이유로 무턱대고 퇴사부터 한 것이다. 퇴사 이후에 대한 특별한 계획은 없었다. 지금 생각해보면 정말 무모했다.

그러다가 슬슬 '앞으로 뭘 해서 먹고살아야 하지?' 하는 생각이 들었다. 그런 고민을 명분 삼아 여행을 계획했다. 그때까지만 해 도 코로나19가 세상에 존재하지 않던 평화로운 시절이었다. 그 렇게 나는 프랑스 파리에 도착했다. 이상하게 그때만큼은 호텔에 머물러보고 싶었다. 지금 생각해도 이유는 잘 모르겠다. 무언가 에 이끌리듯 파리에서 가장 핫하다는 호텔을 추천받았고 '그래봤 자 뭐 얼마나 다르겠어'라는 의심을 가득 안은 채 호텔 문을 열었 다. 그리고 그날 이후 난 다시 태어났다. 호텔에 대한 나의 선입견 이 와장창 깨진 날이었다. 그날의 충격은 나를 3년간 무려 150군 데 이상의 호텔을 돌아다니게 만들었다.

대체 그 호텔이 어땠냐고?

오래된 대저택을 호텔로 바꾼 이곳의 거대한 문이 양옆으로 활짝 열렸다. 그와 동시에 농구선수 이상의 큰 키를 한 사람이 등장했다. 그는 겨울옷이 잔뜩 담겨 무게가 꽤 나가는 내 캐리어를 아무렇지 않게 어깨에 들쳐 메고는 프런트 데스크로 나를 안내했다. 뭔지는 모르겠지만 호텔의 근엄함보다는 자유롭고 유쾌한 분위기가 물씬 풍겼다.

게다가 특이한 점이 있었다. 보통은 빠른 체크인을 위해 프런트 데스크가 정문 혹은 주 출입구 바로 근처에 있기 마련이다. 그런데 이곳은 그렇지 않았다. 로비를 지나고 또 통로를 지나 한참을 걸어 들어가야만 프런트 데스크가 있었다. 은근히 매력 있는 발상이었다. 문을 열자마자 프런트 데스크 직원들을 정면으로 마주하는 것보다 훨씬 부담이 덜했다. 또한 걸어가는 도중에 이 호텔에 와 있는 사람들이 무엇을 하고 있는지 둘러보며 대략적인 분위기를 파악할 수도 있었다.

누구는 노트북 화면을 뚫어져라 쳐다보며 일에 열중하고 있었고, 누군가는 맥주잔을 든 채 함께 온 사람과 수다를 떨고 있었다. 호텔 특유의 격조 있는 느낌보단 상당히 자유로운 분위기였으며,

혹스턴 파리는 '로비'라는 표현 대신 '공용 거실'이라는 표현을 사용한다.
투숙객뿐만 아니라 지역 주민들도 편히 방문할 수 있게 하기 위해서다.
폐쇄적이라고 생각했던 호텔의 선입견이 와장창 깨지는 순간이었다.

이는 흡사 동네 카페나 선술집에 온 듯했다. 투숙객들이 보통은 객실에 들어가면 공용 공간으로 잘 내려오지 않는다고 생각했는데 완전 반대였다. 호텔 로비는 사람들로 북적였고 내가 생각했던 근엄함은 온데간데없었다. 얼핏 보면 공유 오피스coworking space 같기도 했다. 체크인을 하면서 나는 직원에게 로비에 있는 사람들이 모두 투숙객인지 물었다. "꼭 그렇진 않아요. 지역 주민들도 다 같이 쓰는 공간이죠. 일종의 공용 거실public livingroom입니다. 우린 로비라고 부르지 않아요."

아, 그렇게 생각할 수도 있구나. 머리를 한 대 얻어맞은 기분이었다. 이 호텔 덕분에 호텔에 대한 나의 선입견이 와장창 깨졌다. 이 호텔은 '혹스턴 파리Hoxton Paris'였다. 1800년대에 지어진 대저택을 허물지 않고 그대로 유지하고 있는 이 호텔은 지역 주민들이 들어와 조깅을 하는 등 투숙객이 아닌 사람들과도 꾸준히 교류하며 호텔 이상의 역할을 하고 있었다. 사람들의 발길이 끊이지 않는 문화를 만들어가는 모습에 놀라지 않을 수 없었다. 게다가 호텔의 매력에 더 빠지게 된 요소가 하나 더 있었다.

객실 안으로 들어가면 책상 위에 작은 종이봉투가 놓여 있다. 그리고 뒤집으면 인원수와 시간을 체크하는 공간이 있다. 예를 들어 인원은 두 명, 오전 7시로 체크한 후 취침 전에 객실 문 앞 고

작은 쇼핑백에 인원수와 시간을 체크해 문 앞에 걸어두면 요구에 맞춰 간단한 조식을 봉투 안에 담아놓는다.

리에 이 종이봉투를 걸어둔다. 그러면 다음 날 아침, 내가 체크해놓은 인원수와 시간에 맞춰 간단히 요기할 수 있는 조식을 종이봉투에 넣어놓는다. 그래서 아침에 복도에 나가보면 대부분의 객실 문 앞에 빵빵해진 종이봉투가 걸려 있다. 조식을 이렇게 제공하기도 하다니, 무척이나 귀여우면서 신선했다. 그리고 종이봉투에는 '이걸 먹고 계속 허기진다면 그때는 조식당으로 오세요'라는 안내문이 적혀 있다. 자연스럽게 추가 매출을 올릴 수 있는 좋은 기회를 만드는 게 아닐까 싶었다.

혹스턴 파리에 머문 이후 나는 호텔의 매력에 푹 빠져버렸다. 퇴사하기 전만 해도 '~다움'을 만들어가는 브랜드 디자이너였던 나는 다시 직업병이 도졌다. 호텔들은 어떻게 사람들의 발길이 끊이지 않도록 만드는지, 어떻게 단순 고객이 아닌 팬으로 만들어 계속 찾아오게 하는지, 어떻게 그렇게 고객의 지갑을 활짝 열게 만드는지 등 섬세한 장치들을 직접 경험하며 하나하나 뜯어보게 되었다. 마치 방 탈출 카페에서 숨겨진 힌트를 하나씩 찾아내 제한 시간 내에 탈출하는 것처럼 말이다.

그렇게 호텔의 매력에 푹 빠진 나는 한국으로 돌아와 전투적으로 호텔을 돌아다니기 시작했다. 체크인과 동시에 호텔의 구석구석을 관찰한 뒤 재미있던 포인트들을 글로 기록했으며, 체크아웃과 동시에 소셜 미디어에 리뷰를 업로드 했다. 그러다 보니 호텔 안에는 우리가 흔히 말하는 '브랜딩'과 '마케팅' 요소들이 가득하며, 이와 관련해 영감을 받을 수 있는 것들이 지천으로 깔려 있다는 것을 확실히 알게 되었다. 진심으로 호텔에 푹 빠져버린 나는 결국 '호텔을 세우고 싶다'는 가슴 뛰는 꿈까지 갖게 되었다.

그러나 나는 호텔 관련 전공자도 아니고 금수저도 아니다. 가진 것도 없었다. 그 꿈을 이루기란 거의 불가능해 보였다. 그런데도 한 가지 이상한 확신이 있었다. 고기도 먹어본 놈이 먹는다고 호텔을 일단 많이 가보고 견문을 넓히다 보면 기회가 오지 않을까? 조금 더 구체적으로 말하자면 호텔을 직접 다녀보고 인상 깊었던 부분들을 온라인상에 기록으로 남기면 나와 결이 맞는 사람들이 한 명, 두 명 모일 테고, 그러면 그때 분명 또 다른 기회가 찾아올 것이라 믿었다. 그렇게 3년이 지난 지금, 나는 국내외 150군데 넘는 호텔을 체크아웃했다.

호텔에서 배우는 메이킹 머니

이때의 경험 덕분에 불가능해 보였던 일들이 조금씩 꿈틀대기 시작했다. 나의 꿈을 어찌 알았는지 한 유명 가구회사에서 먼저 연락이 왔다. 스테이를 지을 계획인데 이 여정을 함께하지 않겠느냐는 것이었다. 그렇게 양양과 이천에 스테이를 지으며 마케팅하는 경험을 할 수 있었다. 그 뒤 신축은 너무 오래 걸리고 비용도 많이 드니 모듈러 주택modular house 형태로 호텔을 만들어보지 않겠느냐고 제안한 한 부동산 회사와 손을 잡게 되었다. 그렇게 해서 모듈러 호텔 브랜드 '아우토프OUTOF'를 기획, 운영하고 있다.

더불어 미래 나의 호텔에서는 꼭 맛있는 커피를 제공했으면 좋겠다는 생각에 커피 브랜드 '이드커피IDEE COFFEE'를 만들었다. 이드 커피는 맛있는 커피 한 잔이 생각의 몰입을 돕는다고 믿으며, 그렇게 몰입을 돕는 커피를 직접 볶고 내리는 브랜드다. 그리고 호텔로 치면 다양한 사람들이 모이는 '라운지' 공간이 있다. 이를 직접 운영해보고 싶다는 생각에 '축하할 만한 기쁜 일들이 모이는 공간'이란 의미의 '잔치집'이라는 브랜드를 기획하고 운영까지 하고 있다. 쉽게 말해 모임 공간이다.

호텔 안의 요소들을 다 쪼개어 브랜드화하다 보면 어느 순간 정말 호텔이 세워져 있지 않을까? 영혼을 갈아 넣듯 호텔에 내 삶의 모든 것을 바치며 깨달은 것들을 실제로 적용하고 있다. 그래서 난 자신한다. **호텔이 어떻게 고객을 끌어들이고 사람들의 지갑을 열게 만드는지 이해한다면 공간을 기반한 비즈니스는 물론 메이킹 머니**making money**를**

하는 데에도 도움이 된다는 것을.

왜냐하면 제품이나 서비스는 최소 일주일, 많게는 한 달 이상 사용해봐야 나와 잘 맞는지 안 맞는지를 알 수 있다. 그러나 호텔은 경험하는 시간이 이보다 훨씬 짧다. 보통 체크인이 3시, 체크아웃이 12시라고 한다면 1박 동안 호텔에 머무는 시간이 24시간도 채되지 않는다. 호텔은 그 짧은 시간의 시작인 체크인을 하러 공간 안으로 들어서는 그 순간부터 사람들을 홀려버린다. 저마다 마음속에 가지고 있던 경계심이 바로 허물어진다.

호텔에는 짧은 시간 안에 고객을 만족시키기 위한 압축적인 브랜딩과 마케팅 장치들이 사방팔방에 숨어 있다. 이 요소들을 실제로 여러분의 삶에 적용할 수 있도록 낱낱이 파헤치는 게 이 책을 쓰게 된 이유다. 물론 이 책에서 다룰 내용이 정답이라고 단언할 수는 없다. 하지만 기획이나 브랜딩, 마케팅을 할 때 어떤 방식으로 흐름을 잡아야 할지 명쾌한 논리가 생길 것이다. 공간 비즈니스를 한다면 호텔의 메이킹 머니 시스템을 참고해 고객을 지금보다 두 배 이상 끌어들여 매출과 순익을 높일 수 있다. 혹은 어떻게 사람들을 더 모여들게 만들지, 어떻게 나의 팬으로 만들지 고민하고 있다면 그에 대한 힌트를 반드시 얻을 수 있다.

꼭 공간 비즈니스가 아니더라도 좋다. 어떻게 메이킹 머니를 할 수 있을지 수많은 아이디어가 쏟아질 것이다. 이왕이면 이 책에 등장하는 호텔에 직접 가서 이 책을 읽어보면, 그동안 보지 못했던 브랜딩과 마케팅 비밀이 눈에 들어오면서 신세계를 맛보게 될 것이다. 동행한 사람에게 아는 척하기에도 좋으니 편안한 마음으로 재미있게 읽어주었으면 하는 바람이다.

그동안 다닌 150군데 넘는 호텔들은 모두 저마다의 매력을 가지고 있다. 그러나 그중에 정말 알아두면 좋은 곳만 옥석을 가리듯 골라 이 책에 담았다(호텔을 선정하는 데에만 반년이 걸렸다). 이름만 들어도 아는 대형 호텔부터 예약 경쟁이 치열한 소규모 호텔, 그리고 작은 스테이까지 살펴볼 것이다. 서론이 조금 길었다. 그럼 지금부터 호텔들이 어떻게 메이킹 머니를 하고 있는지 함께 체크인해보자.

2023년 12월
호텔메이커 CHECKIN ┃ 정재형

차례

5
_____

4
_____

3
_____

2
_____

1 (Floor)　　호텔에
메이킹 머니 비밀이 숨어 있다

프롤로그를 건너뛰고 지금 바로 여기부터 읽고 있다면 잠시 스톱! 3분이면 충분하니 다시 앞으로 돌아가 프롤로그부터 읽고 오시길. 다 읽었다면 'Floor 1'에서부터는 본격적으로 우리는 대체 왜 돈을 쓰면서 호텔에 가는지 살펴볼 것이다. 이 세상 모든 것이 그렇듯 정답은 없다. 가진 돈 모두 털어 150군데 호텔을 다니며 꽤 오랜 시간 동안 이 문제에 대해 고민했다. 그리고 나름의 답을 얻었다. 그러니 가벼운 마음으로 읽어주었으면 한다.

우리가 그 돈을 주고
호텔에 가는 이유

"네, 고객님 결제 도와드리겠습니다." 이 말을 들을 때마다 나는 생각이 깊어졌다. 서울에서 보증금 2,000만 원짜리 원룸의 한 달 월세가 어림잡아 평균 80만 원 정도라고 생각하면, 우리가 묵는 호텔의 숙박비는 하루에 20~30만 원 정도로 꽤 큰돈이다. 조금 더 힘을 주면 40~50만 원, 더 단계를 높이면 100만 원 이상도 하고, 심하게는 1,000만 원까지도 올라간다. 월세가 아니라 일세인데 말이다. 게다가 내가 '소유'하는 것도 아니고 잠시 머무는 곳인데도 신기하게 사람들은 그 비용을 내고 호텔에 묵는다.

그래서 어떤 사람들은 그 정도의 돈을 내고 호텔에 묵는 이유를 당최 모르겠다고 말한다. 반면 또 다른 사람들은 그래도 호텔은 그 비용을 내고 충분히 묵을 만한 곳이라고 말하기도 한다. 한 가지 고백하자면 나 또한 호텔을 그리 선호하는 편이 아니었다. 호텔보다는 오히려 '여행은 살아보는 거야!'라는 유혹적인 슬로건을 내비친 에어비앤비가 더 맘에 들었다. 값도 저렴한 편이고 심지어 지역주민이 된 각별한 경험까지 덤으로 얻을 수 있기 때문이다.

그러나 가진 돈 다 털어 호텔을 150군데 넘게 다니니 이제는 왜 그 돈을 내고 호텔에 가는지 이해가 간다. 그 덕에 호텔이 어떻게 우리의 지갑을 활짝 열게 만드는지에 대한 퍼즐이 맞춰졌다. 나 또한 상대방이 비교적 높은 비용을 지불하게 하기 위해 어떻게 해야할지도 선명해졌다. 본격적인 내용으로 들어가기에 앞서 이 질문에 답해보자. '왜 우리는 그 돈을 내고 호텔에 갈까?'

호텔은 비일상의 끝판왕

첫째는 '아 행복해!', '이게 힐링이지!'라는 우리의 표현 속에 힌트가 숨어 있다. 호텔에서 체크인을 마치고 객실 카드키로 문을 연

뒤 방 안으로 들어섰을 때 우리가 주로 하는 표현이다. 그래서 우리는 질문을 다시 이렇게 바꿔야 한다. '왜 우리는 호텔에서 행복하다고 느낄까?'

우리의 삶을 잠시 돌아보자. 월요일부터 금요일까지 혹은 운이 없으면 주말까지 우리 삶은 쳇바퀴 돌 듯 회사-집-회사-집의 연속이다. 매일 비슷한 시간에 일어나 비슷한 옷을 입고 비슷한 동선으로 움직이며 비슷한 삶의 루틴으로 살아간다. 관점에 따라 누군가에겐 규칙적인 삶일 수도 있고, 다른 누군가에겐 지루한 삶일 수도 있다. 어쨌든 인간은 작은 변화조차 없으면 쉽게 싫증을 느끼며 점점 웃음을 잃어간다. 그렇다 보니 사소한 이벤트에도 큰 흥미와 관심을 보이곤 한다. 오죽하면 '소확행(소소하지만 확실한 행복)'이라는 말이 나왔겠는가.

그러나 여기에 핵심이 있다. 울타리 안에 갇혀 있는 듯한 답답한 일상에서 벗어났을 때 느끼는 해방감, 반복되던 삶을 비틀어버리는 그 순간, 바로 그 비일상의 순간에 우리는 비로소 행복을 느낀다. 매일 보고 느끼던 게 아닌 비일상적 경험을 할 때 우린 쾌락을 맛본다.

우리가 주말이 되면 찾아가는 공간들을 한번 돌이켜보자. 요즘은 커피를 파는 카페마저 예사롭지 않다. 비가 내리는 콘셉트의 카페가 있는가 하면, 어떤 곳은 LP가 가득 채워져 있어 청음실인지 헷갈릴 정도인 곳도 있다. 심지어 최근 성수동 한복판엔 배를 타고 들어가야 하는 공간마저 생겨났다.

이들의 공통점은 카페를 단순히 커피를 마시는 공간을 넘어 완벽하게 비일상적 공간으로 바꿔놓았다는 것이다. 건축가의 손길이 닿은 미술관은 물론이고, '더현대'처럼 백화점(유통 공간)마저 고객에게 비일상적 경험을 주고자 인재를 기용하고 공간 경험 설계에 천문학적인 비용을 투자한다. 그리고 그곳은 실제로 오픈 30개월 만에 1억 명이 다녀가는 성과를 내기도 했다. 이는 최단 기간에 이뤄낸 결과로 많은 이들에게 화제가 되었다.

이런 현상을 통해 메이킹 머니의 힌트를 얻을 수 있다. 우리는 틈만 나면 일상에서 벗어나 비일상적인 시간을 경험하며 도파민을 터트리고 싶어 한다. 우리가 접하는 수많은 비일상의 공간 중 가장 오랜 시간 동안 체류하는 곳은 단연 호텔이다. 적어도 1박 이상은 하기 때문이다.

비일상적인 공간에 갈 때면 우리가 꼭 하는 행동이 있다. 다시 되돌릴 수 없는 지금 이 순간을 영원히 간직하기 위해 카메라를 꺼내 들고, 그것을 온라인 세상에 게시하는 것이다. 여기에는 은연 중에 '나는 이런 감도 높은 공간을 소비할 줄 아는 사람이야'라고 내비치는 심리가 담겨 있다. 일종의 성취감과 우월감을 동시에 맛보는 것이다. 이 맛은 중독성이 매우 강하다. 한번 맛이 들면 쉽게 끊어낼 수 없다.

호텔은 어떨까? 자동차에 하차감이 있다면 호텔엔 출입감이 있다. 호텔 정문을 당당하게 들어서는 나의 모습이 스스로 자랑스럽게 느껴진다. 게다가 호텔에 들어서는 순간 모든 직원들이 내 목소리에 귀를 기울인다. 내가 직접 무언가 하지 않아도 알아서 처리해준다. 거의 완벽하다. 집에서는 구석구석에 쌓여 있는 온갖 집안일들이 눈에 밟혀 도무지 쉴 수가 없다. 그러나 호텔에서는 그런 걱정 따윈 접어두고 평소와 완전히 다른 삶을 살 수 있다.

평소에 보던 회색빛의 네모반듯한 공간은 없다. 바라만 봐도 입가에 흐뭇한 미소가 지어지는 아름다운 공간뿐이다. 처음엔 이런 공간이 낯설게 느껴지기도 하지만 얼마 지나지 않아 마치 내 집인 것처럼 편안해진다. 가슴이 쫙 펴지고 어깨도 으쓱해진다. 그간의 고생을 보상받는 기분이다. 이 모든 즐거움을 한두 시간 경험하고 집으로 돌아가는 게 아니라 다음날까지 원 없이 누릴 수 있다. '이게 행복이지!' 도파민이 폭발한다. 이처럼 호텔은 우리의 자존감을 한껏 높여준다.

이보다 더 프라이빗할 순 없다

게다가 호텔은 우리를 평소의 삶에서 해방시켜준다. 남의 눈치 보지 않고 내 맘껏 쉴 수 있다. 왜냐하면 '사적인' 모든 것이 보장되기 때문이다. 사적이라는 것은 곧 자유를 의미한다. 우린 자유를 위해 열심히 일하며 전쟁 같은 하루하루를 보낸다. 자유를 위해 자유를 포기하는 이 아이러니. 우리는 늘 누군가의 간섭을 받는다. 스마트폰을 사용하는 이상 지구상의 모든 것과 연결되어 있다. 우리가 끊임없이 공허함과 답답함을 느끼는 이유다.

호텔은 총지배인도 비상사태가 아닌 이상 투숙객의 객실에 함부로 들어올 수 없다. 누구도 방해할 수 없는 철저한 '나만의 세상'이 펼쳐진다. 평소 우리는 자의건 타의건 누군가와 계속 마주치며 생활한다. 물론 인간은 사회적 동물이기에 사람과 함께 어울렸을 때 나타나는 긍정적인 측면이 분명히 존재한다. 그러나 매일 똑같은 사람을 마주하는 것도 여간 어려운 일이 아니다.

더군다나 가장 큰 문제는 나의 뜻대로 관계를 열고 닫을 수 없다는 것이다. 하지만 호텔은 내 뜻대로 관계를 조절할 수 있으며 그 누구도 나의 공간에 침범할 수 없다. 아마 집보다 더 사적인 영역이지 않을까 싶다.

언제든 믿고 갈 수 있는 공간

우리가 돈을 지불하고 호텔에 가는 또 다른 이유는 '보장'이다. 우리는 살면서 수많은 선택 앞에 놓인다. 그 선택 사이엔 반드시 의심이 따른다. 과연 이게 옳은 선택일까? 과연 믿을 만할까?

실례로 에어비앤비를 예약할 때는 수많은 변수가 따른다. 아무래도 전문가가 아닌 개인이 자신의 공간을 대여해주는 서비스이기에 필연적으로 불안감이 따르는 듯하다. 특히 해외일 경우 타지에서 느끼는 공포감은 이루 말할 수 없다. 물론 다 그런 것은 아니지만 그래도 직접 도착해 확인하기 전까진 마음을 놓을 수 없다는 게 치명적이다.

반면에 호텔은 일단 '믿고 간다'는 심적 쾌적함을 느낄 수 있다. 우선 호텔이란 단어에서 느껴지는 든든함이 있다. 그 든든함은 '탄탄한 기본기'에서 나온다.

문을 열 때 느껴지는 향과 공기의 쾌적함, 언제든 고객의 물음에 답을 찾아주기 위해 도와주는 전문적인 직원들, 위생 걱정이 싹 사라지는 청결함과 기본적으로 시설이 좋다는 데에서 갖게 되는 안정감 등 그야말로 호텔은 믿고 가는 곳이다. 이처럼 호텔은 나의 선택에 대한 결과가 보장되는 곳이어서 우리는 주저 없이 호텔로 발걸음을 옮긴다.

정리하면 우리가 큰돈을 지불하고 호텔에 가는 이유는 첫째, 일상에서 해방되어 비일상적 삶을 누리는 행복감과 호텔이란 공간을 소비하며 누리는 자존감 상승이다. 둘째는 그 누구도 침범할 수 없는 사적인 공간, 즉 확실한 자유로움이다. 셋째는 검증 절차를 생략해도 될 만큼 믿고 갈 수 있다는 안정성과 보장성이다. 이 모든 것을 다 갖춘 공간은 호텔 말곤 쉽게 찾아보기 어렵다. 여기에 5성급 호텔이라면 희소의 가치까지 더해지니 더욱 매력적으로 다가올 수밖에. 그래서 우린 그 돈 내고 호텔에 간다.

이 세 가지 이유를 '아, 그렇구나' 하고 넘길 게 아니라 실전에 적용해야 의미가 있다. 다시 말하지만 이 책은 150곳의 호텔을 돌아다니고 깨달은 고가 호텔의 유혹 시스템이자 메이킹 머니 시스템에 관한 이야기다. 이것을 여러분의 삶, 여러분의 브랜드에 응용해야 진짜 빛을 발휘할 수 있다. 지금 잠깐 읽던 것을 멈추고 여러분이 운영하는 공간 혹은 브랜드에 대입해보기 바란다.

우리가 호텔에 그 돈을 내고 가는 이유에 대해 살펴보았다. 그렇다면 '호텔'이란 공간은 도대체 우리에게 어떤 의미일까? 단순히 잠만 자는 곳이 아니라는 것은 누구나 알고 있을 텐데, 그렇다면 구체적으로 어떤 곳일까? 호텔의 메이킹 머니 시스템을 이해하기 위해서는 반드시 생각해봐야 할 문제다.

Making Money Ideas

★ 내가 만드는 브랜드는 고객의 어떤 고통을 해소시켜 그들을 행복하게 해줄 것인가?

★ 내가 고객을 위해 확실하게 지켜줄 수 있는 것은 과연 무엇인가?

★ 고객이 의심하지 않고 '믿고 찾도록' 하기 위해 나는 어떤 기본기를 탄탄히 해야 할까?

호텔은
현대인의 병원이다?

난 호텔에 미쳐 있는 사람이다. 세상 모든 것을 호텔로 본다. 눈 수술 때문에 입원했던 대학병원마저 호텔로 보였을 정도다. 눈 건강에 문제가 생겨 입원해 수술을 해야 하는 상황이었다. 전신 마취가 풀려도 앞이 잘 보이지 않으니 할 수 있는 일이라곤 그저 멍하게 있는 것뿐이었다. 아무 생각 없이 병원에서 며칠을 보낸 뒤 퇴원하는 날이었다. 수납을 마치고 집으로 돌아가려는 순간 이런 생각이 들었다. '잠깐만! 이거 호텔이랑 대학병원이랑 구조가 똑같은데?'

대학병원에 가면 우리는 우선 진료 일정을 잡는다. 여기도 예약이 치열하다. 병원 문을 열고 들어가면 리셉션 데스크가 있다. 수납, 입원, 퇴원 등 시작과 끝을 함께하는 곳이다. 호텔 또한 프런트 데스크에서 체크인, 체크아웃 그리고 비용 결제 등을 하는 동일한 구조다. 호텔엔 샤워가운이 있지만 병원엔 환자복이 있다. 일종의 파자마인 셈이다. 이뿐만이 아니다. 병원의 재활과 물리치료 공간은 호텔의 피트니스센터이고, 병원의 카페나 구내식당은 호텔의 레스토랑이나 술집 혹은 라운지다.

병원 입원 시 6인실, 2인실, 개인실 등 비용에 따른 객실 등급은 호텔에서도 스탠다드룸부터 스위트룸까지 동일하게 적용된다. 심지어 병원에선 거동이 불편한 환자들의 편의를 위해 병실 안으로 식사를 가져다주는데 **호텔에서는 이와 유사한 것이 룸서비스다.** 이외에 객실 정비, 24시간 직원과 긴급 의사소통 가능 등 호텔과 병원은 상당히 비슷한 구조를 띠고 있다. 결정적으로 입지가 좋은 곳에 터를 잡고 있다는 점도 비슷하고 사용 편의성도 높다. 이렇게 겉모습은 다를지언정 이 둘은 같은 배에서 태어났다고 봐도 무방하다.

'호텔hotel'과 병원을 뜻하는 '호스피탈hospital'은 사실 모두 '환대' 혹은 '접대'를 뜻하는 '호스피탈리티hospitality'를 지향하고 있다. 고대 그리스로 올라가보자. 당시엔 올림픽이 열리면 모든 이들이 전쟁마저 멈추고 평화를 수호하기 위해 올림픽이 열리는 곳으로 이동했다. 문제는 자동차나 기차가 없을 때이니 수백 킬로미터나 되는 거리를 '걸어서' 이동해야만 했다. 목숨을 건 이동이었다고 해도 무방하다. 숭고한 뜻을 지녔다는 의미에서 이들을 '순례자'라고 칭했다.

장거리 이동으로 체력은 바닥이 났을 테고 환자도 발생했을 것이다. 그래서 이들이 이동 중에 잠시 마을에 들리면 마을 사람들은 쉴 공간과 환자들을 치료할 수 있는 공간을 내어주었다. 그것이 그리스인들의 미덕이었고, 그렇게 '환대'하는 문화가 점차 자리를 잡았다. 여기서 핵심은 쉼과 치유다. 호텔과 호스피탈의 뿌리가 하나라고 생각이 드는 이유다. 형태와 전문 기능이 조금 다를 뿐 근본은 같다.

쉼과 치유의 기능이 함께하는 곳

초연결된 사회에 살고 있는 우리에게는 누구의 방해도 받지 않고 마음 편히 쉬며 충전할 수 있는 공간이 그리 많지 않다. 집에서 쉬면 되지 않느냐고 생각할 수도 있다. 하지만 앞서 말했듯이 집에서도 방해되는 요소들이 참 많다. 갑자기 쓸고 닦고 정리하게 될 때도 있다. 혹은 눈 딱 감고 널브러져 있기도 하지만 괜스레 게으르게 시간을 허비하는 게 아닌가 하는 죄책감이 든다. 그렇다고 멀리 도시 바깥으로 떠나자니 왔다갔다 이동하는 것도 힘들다. 거기에 차까지 막혀버리면 훨씬 더 피곤해진다.

우리에겐 자가치유의 공간이 필요하다. 이런 역할을 톡톡히 해내는 공간이 바로 '호텔'이다. 집안일 걱정 따윈 하지 않아도 된다. 객실에 들어서는 순간 그 누구도 내게 뭐랄 사람이 없다. 근심과 스트레스로 가득했던 일상에서 완벽하게 벗어날 수 있는 유일한 공간이다. 괜히 비일상의 공간이 아니다. 게다가 도심에 있는 대부분의 호텔들은 접근성이 좋은 곳에 위치해 있기에 이동하기에도 편리하다. 그러니 멀리 해외로 여행을 떠나지 않고서도 지친 나 자신을 치유하기 위해 쉽게 갈 수 있는 곳은 호텔뿐이다. 이쯤 되면 호텔은 지쳐 있는 우리를 충전시켜주는 병원이란 생각이 든다.

지금부터가 중요하다. 스마트폰 탄생 이후 우리가 정보를 받아들이는 양은 그 이전과 완전히 달라졌다. 과거엔 책과 TV, 그리고 신문과 인터넷을 활용해 일방적으로 정보를 습득했다면, 스마트폰 이후로는 필요하다면 언제 어디서든 정보를 취할 수 있다. 선택의 폭이 비할 바 없이 넓어진 것이다. 보고 듣는 게 훨씬 많아진 만큼 우리가 추구하는 라이프 스타일도 다양해졌고, 개인의 취향이 잘게 쪼개진 만큼 쉼의 방식 또한 세분화되었다.

병원도 외과 전문, 내과 전문이 있듯이 호텔도 각자 자신만의 방식으로 치유의 공간이 되고자 한다. 대자연과 가까이하며 세상과 단절된 쉼을 추구하는 호텔이 있는가 하면, 북적북적 사람들과 부대끼며 파티를 즐기는 호텔도 있고, 어떤 곳은 반려동물과 함께 쉴 수 있도록 배려하는 등 치유의 방식이 무척이나 다양해졌다. 다시 말해 이제부턴 단순한 '쉼'이 아닌 '어떤 쉼'인지가 중요해진 셈이다.

실제로 나에게 호텔을 추천해달라는 메시지를 보내는 사람이 수없이 많다. 시설이나 인원, 위치도 당연히 중요하지만 그보다 더 먼저 고민해야 하는 것은 내가 지금 어떤 쉼을 원하는가이다. 일상에 지쳐 정말 하루 종일 가만히 있고 싶은 것인지, 스트레스가 너무 쌓였으니 온갖 화려한 시설을 이용하면서 시원하게 즐길지, 바빠서 신경 쓰지 못했던 소중한 사람에게 집중하며 행복하게 쉬고 싶은지 등 그 종류도 무척이나 다양하다. 그렇기에 남부럽지 않게, 그리고 후회하지 않을 만한 호텔을 선택하려면 내가 진정으로 원하는 쉼이 무엇인지 돌이켜보기를 권한다. 내가 치료받고 싶은 부위에 맞는 병원을 선택하듯이 말이다.

정리하면 호텔과 병원의 근본은 쉼과 치유에 있다. 호텔은 짧게라도 현대인들의 심적 고통과 아픔, 그리고 각종 스트레스를 쉼을 통해 치유해주는 병원과도 같다. 그러나 라이프 스타일이 점점 더 고도화되고 세부적으로 나뉘면서 고객이 '어떤 쉼과 치유'를 원하는지에 따라 호텔의 성향 또한 천차만별로 달라지고 있다. 그래서 공간을 기반한 브랜드를 만드는 사람이라면 자기 자신에게 다음과 같은 질문을 던져봐야 한다. '나는 고객에게 어떤 행복을 전달할 수 있을지 디테일하게 파고들었는가?'

Making Money Ideas

★ 내가 하는 일 혹은 브랜드가 있다면 '어떤 만족'을 줄 수 있을지 구체적으로 파고 들어야 한다. 정말 나는 구체적으로 파고 들었는가?

★ 집에서 할 수 있는 방법이 있다. 유관 업계의 유튜브, 인스타그램 등 소셜미디어에서 유명인 5명을 뽑고, 그들이 어떤 이야기를 하는지 살펴보자. 그리고 그들이 하는 이야기에 어떤 댓글이 달렸는지 모조리 살펴보자.

★ 인사이트를 얻었다면 그걸 노트 한 장에 정리해 '나는 상대방에게 어떤 만족을 줄 수 있는지' 세세하게 생각해보자. 가령 '쉼을 통해 행복을 주겠다'가 아닌 '어떤 쉼을 줄 수 있는가'가 중요하다. 술집을 운영한다면 '맛있는 안주로 좋은 사람들과 좋은 시간을 보내게 하겠다'가 아닌 '한 달에 한 번밖에 볼 수 없게 된 옛 친구들이 모여 추억을 나눌 수 있게 만들겠다'처럼 '어떤 좋은 시간'을 보내게 할 것인지 구체적으로 파고들어야 한다.

비일상을 향한
열망과 욕망

앞 장에서 '호텔은 현대인들에게 쉼과 치유를 해주는 병원이다'
라고 말했다. 그 쉼과 치유를 제공해주는 방법 중 하나는 바로 '비
일상적 공간'을 만드는 것이다. 호텔은 이를 위해 어떤 노력을 할
까? 가장 대표적인 게 수영장이다. 사계절 가리지 않고 호텔은 언
제나 수영장 전쟁이다. 호텔이든 독채 스테이이든 수영장의 유무
는 꽤 큰 차이를 만든다.

누가누가 더 수영장을 멋지고 화려하게 디자인하는지 대회라도

열린 것처럼 규모가 있는 호텔은 모두 저마다 강한 색을 띤 수영장으로 중무장하고 있다. 호텔 혹은 호캉스라고 소셜 미디어에 검색해보면 열 장 중 여섯 장 이상은 수영장에서 찍은 사진들이라는 것을 쉽게 알 수 있다. 이쯤 되면 궁금해진다. 왜들 그렇게 호텔 수영장에 열광하는 것일까? 그 이유를 알게 되면 이를 활용해 메이킹 머니를 해볼 수 있지 않을까?

수영장은 욕망의 공간이다. 수영장 하나를 관리하기 위해 들어가는 인건비, 관리비, 유지비는 물론이고 건물에 문제가 생기지 않게 이것저것 고려해야 할 게 무척 많다. 그렇다 보니 아무나 수영장을 갖출 수 있는 것도 아니고, 그렇기에 더욱 희소성이 생긴다. 그래서 간혹 단독 주택의 마당에 널찍한 수영장이 있으면 '와, 엄청 잘사나봐'라는 말이 저절로 나오는 것이다. 기본적으로 수영장은 아파트 단지에는 들일 수 없다. 최근에서야 주민을 위한 커뮤니티 시설의 일환으로 아파트 옥상을 활용하거나 지하에 수영장 시설을 갖춰놓는 경우가 있다. 그러나 그런 곳은 대부분 고가의 아파트다.

이런 것들이 쌓이다 보니 우리도 모르게 수영장이란 존재가 부의 상징이 되어버렸다. 수영장은 항상 어딘가로 이동해야만 갈 수 있는 전문적인 공간이자 불특정 다수와 함께 공유해야 하는 공간인데 호텔의 수영장은 그렇지 않다. 엘리베이터만 타고 이동하면 끝이다. 게다가 투숙객들 위주로 사용을 제한하기에 지극히 사적인 공간이며, 일상에서 쉽게 접할 수 없는 경험이다. 호텔에 와야만 경험할 수 있다. 그러니 자연스럽게 열망의 대상이자 욕망의 공간이 될 수밖에.

건물 안에 수영장을 갖추고 있다는 것만으로도 욕망의 공간이 되는 호텔은 여기서 한 발짝 더 나간다. 보통은 운동 목적으로 하는 일명 '전투수영'을 할 수 있는 레일 수영장이 일반적인데, 그렇지 않은 수영장들도 있다. 이름은 수영장인데 사실상 전투수영은 하기 어렵다. 그 대신 '인스타 수영'을 할 수 있는 곳들이 많다. 자유형 대신 자유롭게 사진을 찍을 수 있는 그런 수영장이다.

수영장은 사진의 훌륭한 배경이 된다. 이게 나쁘다는 게 아니다. 오히려 완벽한 비일상을 제공하기 위해 이국적인 디자인으로 수영장을 만든다. 마치 외국의 휴양지처럼 말이다. 평소 쫓기듯 살지만 이곳에 오면 시원한 칵테일을 마시며 우아하게 선베드에 누워 하루 종일 시간을 보낼 수 있다. 그러다가 심심하면 물에 들어가 즐기면 된다. 우리가 도심 한복판에서 이렇게 이색적으로 시간을 향유할 수 있는 공간이 과연 얼마나 될까? 흔치 않다. 그래서 호텔 수영장의 가치는 더욱 높아지고 있다.

반얀트리 야외 수영장과(왼쪽) 월악산유스호스텔 야외 수영장(오른쪽)
많은 사람들로 북적이는 일반 수영장과 달리 호텔 수영장은 특정 인원만 사용이 가능하다.
게다가 평소에는 경험할 수 없는 비일상적 공간이기에 도시인들에게 호텔 수영장은 매력적일 수밖에 없다.
그렇게 호텔 수영장은 열망의 대상이 되었다.

그러나 꼭 수영장만이 능사는 아니다. 토지 면적이 그리 넓지 않은 도심 속 호텔들이 할 수 있는 최선의 선택이 수영장이었던 것뿐이다. 서울 근교로 빠진다면 토지 가격이 도심보단 상대적으로 저렴하기에 더 널찍하게 공간을 구성할 수 있다. 더 크고 특색 있는 수영장을 갖출 수도 있고, 캠핑을 즐기는 아웃도어 프로그램을 제공할 수도 있다. 선택지가 더 다양해지는 셈이다. 핵심은 일상에서 쉽게 할 수 없는 경험을 이곳에 오면 얼마든지 가능하게 만들어주는 것이다.

어른들의 테마파크가 되어버린 호텔

어쩌면 우린 단순히 수영장에 열광하는 게 아니라 '비일상적 경험을 원하는 것'뿐일지도 모른다. 그런 의미에서 호텔은 단순히 잠을 자는 공간을 넘어선 지 오래다.

코로나19 때부터 이미 호텔은 '완벽한 비일상'으로 들어가는 '어른들의 테마파크'로 바뀌어갔다. 어릴 적에 드나들던 테마파크를 떠올려보자. 저마다 콘셉트가 있고, 그 안에만 들어가면 시험 걱정, 숙제 걱정 등은 까맣게 잊어버린 채 행복한 환상의 나라로 빠져들지 않았던가. 지금의 호텔이 딱 그렇다.

각자 추구하는 콘셉트가 모두 다르기에 공간도 제각각이다. 호텔에 근무하는 직원들은 캐릭터 탈을 뒤집어쓰는 대신 콘셉트에 맞는 유니폼을 입고 있다. 각 테마파크를 상징하는 음식들이 있듯이 호텔에도 그곳만의 시그니처 메뉴(요리사의 가장 유명한 요리를 뜻하는 '시그니처 디시Signature dish'와 같은 말로 고유의 메뉴 혹은 대표 메뉴를 뜻한다)들이 존재한다.

테마파크에 기념품 가게가 있듯이 호텔 안에도 편집숍들이 슬슬 들어서기 시작했다. 놀이기구 자유이용권이나 세 개만 탈 수 있는 이용권 등이 있는 것처럼 호텔 또한 단순 1박 투숙이 아닌 반나절 투숙, 워케이션(일을 뜻하는 'work'와 휴가를 뜻하는 'vacation'의 합성어로 일을 하면서 동시에 휴가를 즐기는 근무 형태를 의미하는 신조어)을 위한 '9 to 6' 투숙 등 다양한 상품들이 쏟아지고 있다.

호텔은 각자만의 방식으로 각박한 세상에서 살던 우리를 잠시나마 환상의 공간으로 인도한다. 어떤 곳은 자연 속에 고립되어 아무것도 하지 않고 쉼에만 집중하는 환상을 현실로 만들어준다. 또 어떤 곳은 비트가 강한 음악과 함께 시원하게 파티를 하면서 쉬는 환상을 현실로 만들어주기도 한다. 그야말로 어른들의 테마파크인 셈이다.

호텔은 이렇게 비일상적 경험을 제공하며 우리에게 쉼과 치유의 시간을 갖게 한다. 그 비일상에 대한 열망과 욕망의 대가로 우린 아낌없이 비용을 지불한다. 평소에 자주 느낄 수 없는 '비일상'이기 때문이다. 그렇다면 한번 생각해볼 필요가 있다. 나 또한 누군가에게 비일상적 경험을 줄 수 있다면 이를 메이킹 머니로 연결시킬 수 있지 않을까? 자신이 운영 중인 브랜드와 공간이 있거나 나 자신의 영향력을 키우는 퍼스널 브랜딩을 하는 중이라면 한번 생각해볼 필요가 있다. '나는 사람들에게 어떤 비일상적 경험을 줄 수 있을까?'

비일상적 경험이라고 해서 꼭 화려한 것만은 아니다. 그저 '평소에 느껴보지 못했던 것'을 경험하게 해주면 된다. 교육의 경우 새로운 것을 깨우치게 도와 평소 자주 느끼지 못했던 '성취감'을 갖게 하는 것도 비일상적 경험이라 할 수 있다. 카페라면(물론 콘셉트나 기획마다 다르겠지만) 평소엔 사람들과 부대끼느라 느낄 수 없었던 '고요함'을 경험하게 함으로써 완전히 비일상적 공간을 만들 수도 있다.

정리하면 쉼과 치유를 주는 공간인 호텔은 이를 위해 비일상적 경험을 제공하는 데에 집중했고, 그 덕에 호텔은 열망과 욕망의 공간이 되었다. 가장 대표적인 비일상의 공간은 많은 사람들이

열광하는 수영장이다. 호텔은 점점 어른들의 테마파크로 바뀌어
간다. 이런 이야기들을 토대로 우리가 생각해볼 것은 '우린 각자
사람들에게 어떤 비일상적 경험을 줄 수 있는가?'이다. 다음 질문
들은 실제로 내가 무언가를 기획할 때 늘 생각하는 사고 과정이
다. 도움이 되길 바란다.

Making Money Ideas

★ 내가 생각하는 '비일상적 경험'은 무엇인가?
★ 내가 상대방에게 줄 수 있는 '비일상적 경험'은 무엇인가?
★ 이를 활용해 어떤 메이킹 머니를 해볼 수 있을까?

호텔에 메이킹 머니 비결이
숨어 있는 이유

생각해보면 참 특이하다. 우리가 무언가를 '구매'하면 그것은 곧 나의 소유가 된다. 주식도 숫자가 눈에 보이고, 부동산도 '명의'로 된 자산이 남는다. 그런데 호텔의 객실은 비용을 지불했다고 해서 내가 소유하는 게 아니다. 우린 편안하고 쾌적하고 행복한 경험을 하기 위해 호텔에서의 제한된 시간을 구매한다. 3시 체크인, 11시 혹은 12시 체크아웃. 하루가 채 되지 않는 시간을 위해 우린 몇십만 원에서 몇천만 원을 지불한다. 우리 손에 쥐어지는 것은 아무것도 없다. 참으로 독특한 소비 형태가 아닐 수 없다.

고객의 지갑을 열게 하는 호텔의 이런 능력이야말로 우리가 배워야 하는 프로급 실력이다. 호텔은 우리를 유혹하는 데에 도가 텄다. 호텔은 기본적으로 '고급스러운' 이미지를 갖고 있다. 그들은 이걸 무기 삼아 우리를 유혹한다. '이런 곳에서 쉬면 너무 멋지지 않겠어?', '특별한 날인데 이런 곳에서 기념해야 자랑할 만하지 않을까?'라고 속삭이며 환상을 심어준다.

5성급 호텔은 멋진 수영장에서 샴페인 한잔 기울이는 모습, 1년에 한 번뿐인 기념일에 행복한 시간을 보내는 모습, 고생한 나 자신에게 과감히 투자하는 성공한 현대인이 된 듯한 모습 등을 보여준다. 그 이미지들을 보고 있으면 '나도 저렇게 살고 싶다'라는 생각이 절로 들게 한다. 구체적인 방법은 'Floor 2'에서부터 본격적으로 다룰 것이다. 호텔이 메이킹 머니를 위해 사람들을 유혹하는 세 가지 방식을 살펴볼 수 있다.

호텔이 우릴 유혹하는 첫 번째 방법: 철저한 이미지 관리

호텔은 목에 칼이 들어와도 무조건 브랜드 이미지를 사수한다. 등급이 높아질수록 브랜드의 이미지가 곧 자신들의 가치라는 것을 잘 알기에 철저하게 관리한다. 이런 모습을 통해 브랜딩의 가장 중요한 것을 배울 수 있다. 저마다 가지고 있는 브랜딩의 개념은 조금씩 다를 것이다. 그러나 세계적인 브랜드 전문가이자 《브랜드 경험을 디자인하라》의 저자 토마스 가드Thomas Gad는 브랜딩을 간단명료하게 정리했다. "브랜딩이란 고객의 머릿속에 브랜드를 새겨넣는 행위다."

커피 하면 스타벅스, 햄버거 하면 맥도날드가 바로 떠오르는 것처럼 무의식을 지배하는 것이다. 그리고 스타벅스 하면 녹색이 생각나고, 맥도날드 하면 빨강과 노랑이 바로 떠오르듯이 브랜드에는 각각 연상되는 이미지가 있다. 단순히 색상만이 아니라 공간적으로도 마찬가지다. 그렇다면 그 이미지는 누가 만드는 것일까? 우리가 직접 소비하며 경험했기에 특정 이미지가 떠오른 것이라고 말할 수도 있다. 그러나 실제론 그렇지 않다. 브랜드에서 소비자들이 그렇게 생각하도록 깊이 있게 설계한 것이다. 자신들의 정체성을 명확히 하고 다양한 방식으로 소비자에게 꾸준히 전달해왔다. 그리고 우리는 그저 그것들을 떠올리고, 그들이 설계해놓은 대로 따를 뿐이다. 무의식 학습이 이렇게나 무서운 것이다.

호텔은 이에 능하다. 이미 단어에서부터 '고급스러움'이 따라오지 않는가. 고객이 호텔에 발을 들이는 순간부터 고객의 머릿속에 호텔 브랜드 이미지를 새겨넣기 위해 공간 기획과 디자인은 물론 향, 사운드, 고객 응대 말투, 태도, 외모 등 눈에 보이는 것부터 보이지 않는 것까지 모든 것을 섬세하게 설계한다. 특정 호텔만 하는 게 아니다. 대부분의 호텔이 상상 그 이상으로 꼼꼼하게 관리하며 우리들의 무의식을 지배한다. 한번 세뇌당하면 1박에 몇십만 원, 많게는 수백만 원을 사용할 정도로 지갑이 열린다.

보통 자신의 지갑에서 돈이 빠져나갈 때는 일시적인 쾌락과 동시에 스트레스도 동반한다. 그러나 호텔에서의 소비는 스트레스는 커녕 오히려 '품위와 권위'라고 생각한다. 이게 핵심이다. 고객들이 스스로 큰 비용을 소비하면서 오히려 행복하다고 느끼는 것이다. 그렇기에 메이킹 머니를 하기 위해 호텔이 어떻게 하는지를 살펴보면, 각자의 삶과 비즈니스에 바로 적용할 수 있는 인사이트가 무척이나 많다.

실제로 호텔의 시스템에서 아이디어를 얻어 식음료 브랜드, 레스토랑, 카페를 운영하는 곳들도 흔히 보인다. 특히 고객에게 응대하는 접객 부분에서 호텔이 가장 잘하는 '고급스러운 환대'를 참고하기도 한다. 단순한 친절이 아닌 아름답게 보이는 플레이팅부터 매장의 인테리어, 온도, 향, 음악 등 철저하게 이미지를 관리해 고객이 매장에 와서 사용하는 시간의 가치를 높여준다. 이 모든 행동을 '환대'라고 생각한다. 한번 호텔을 이용한 고객이 다른 고객에게 소문을 낼 수 있도록 시작부터 좋은 경험을 심어주는 것이다. 이건 호텔이 가장 잘하는 것이기도 하다. 호텔을 이해하면 내가 어떤 일을 하든 메이킹 머니를 할 수 있다.

호텔이 우릴 유혹하는 두 번째 방법: 환상과 욕망을 심다

재미있는 사실이 하나 있다. 한 사람이 어떤 공간을 소비하느냐에 따라 그 사람을 보는 시선이 달라진다. 같은 숙박업이라고 해서 5성급 호텔을 가는 것과, 주차장에 가림막을 쳐놓은 모텔에 들어갈 때 드는 감정이 과연 같을 수 있을까? 이것은 무엇이 더 좋고 나쁜지의 문제가 아니다. 상업 공간 중 가장 권위와 품격이 느껴지는 공간은 단연 호텔이다. 이는 부정할 수 없는 사실이다. 그 어떤 상업 시설을 통틀어 입구에 들어설 때 가장 어깨가 올라가는 곳이 바로 호텔이라고 생각한다.

호텔은 비일상적 공간이다. 브랜드마다 콘셉트는 다르지만 호텔은 세련되고 멋진 하루를 보낼 수 있는 이미지를 보여준다. 샴페인을 곁에 둔 채 수영장에서 쉬고 있는 모습, 멋지게 차려입고 고급스러운 라운지에서 차를 마시며 시간을 보내는 모습, 야경을 바라보며 여유롭게 레스토랑에서 식사하는 모습 등 대부분 무언가에 쫓기지 않고 세상과 완전히 독립되어 주체적인 삶을 사는 이미지들을 보면서 우리는 무의식적으로 이런 생각을 하게 된다. '나도 저렇게 시간을 보내고 싶다', '저런 삶은 과연 느낌일까?' 호텔의 이미지는 열망의 대상이 된다.

그런 상상이 현실이 되는 것은 그리 어려운 일이 아니다. 평소에 접해보지 못한 고급스러운 라이프 스타일이지만, 비용만 지불하면 나도 충분히 경험할 수 있다. 호화롭고 고급스러운 삶을 나도 한 번쯤은 질러볼 수 있다. 명품 가방에 비하면 충분히 써볼 만한 금액대라며 자신을 합리화하고 결국 체크인을 한다. 그렇게 호텔에서의 내 모습은 다른 누군가에게 열망의 대상이 되며 부러움을 산다. 서로가 서로에게 환상과 욕망을 자극하는 격이다. 이처럼 우리는 본능적으로 더 좋은 것을 향유하고 싶어 한다. 호텔은 이미 알고 있다. 우리들의 욕망을 자극해야 한다는 것을.

가장 대표적으로 환상과 욕망을 자극해 성공한 사례가 있다. 여름만 되면 가장 큰 화두인 '호텔 빙수'다. 이젠 호텔 빙수 하나에 평균 8만 원 이상 올라가는 세상이다. 그런데 놀랍게도 항상 인기가 많다. 심지어 각 호텔을 돌아다니며 빙수만 먹는 빙수 콜렉터를 자처한 사람들도 등장했다. 이게 가능한 이유는 빙수의 맛도 물론 중요하지만 빙수를 멋있는 공간, 사람들에게 인정받는 호텔 브랜드에서 직접 경험한다는 것에 큰 의의를 두기 때문이다. 더 큰 지출은 부담스럽지만 그래도 이 정도면 고급스러운 라이프 스타일을 경험했다고 생각하며 즐기는 소소한 호화로움, 즉 '스몰 럭셔리'인 셈이다.

이런 소비 형태를 두고 허세라거나 개인의 취향이라는 식의 갑론을박이 펼쳐지곤 한다. 호텔에서 빙수를 먹는 게 자신의 동기부여이고 꼭 경험해보고 싶은 버킷리스트여서 다른 지출을 줄이고 평소 일에 집중한다면 꽤 의미 있는 소비라고 할 수 있다. 그러나 지불 능력이 되지 않는 상태에서 소비를 하는 것은 문제가 있다. 관점에 따라 '스몰 럭셔리'에 대한 생각이 다르지만 중요한 것은 어느 쪽이든 호텔이 소비자를 상대로 '욕망'을 성공적으로 심어주었다는 것을 반증한다.

호텔은 소비자를 향해 '열심히 사느라 고생했으니 이 정도는 쉬어줘야 제대로 쉬었다고 할 수 있죠!'라고 속삭이며 끊임없이 환상과 욕망을 심어준다. 그리고 손 내밀면 닿을 듯 말 듯 감칠맛 나게 '밀당'을 하며 우리의 욕망을 증폭시킨다. 그렇게 호텔은 체크인을 하는 순간부터 계속해서 흔쾌히 지갑을 열어 비용을 지불하도록 최상의 컨디션으로 고객을 모신다.

호텔이 우릴 유혹하는 세 번째 방법: 중독시킨다

호텔은 한번 발을 들이면 결코 잊을 수 없다. 호텔 특유의 쾌적한 공기, 향기, 누구에게나 친절한 태도, 바라만 봐도 기분이 좋아지는 공간 디자인, 매일 먹고 싶은 음식이 우리의 오감을 완벽하게 자극한다. 지금 그런 생각을 하는 것만으로도 또다시 호텔로 발걸음을 옮기고 싶게 한다. 한번 빠지면 쉽게 헤어나지 못한다.

집이 아닌 호텔에서 쉬고 있는 나 자신에게 심취할 때, 누군가는 이를 허영심이라고 말할 수 있다. 그러나 모든 상업 공간을 통틀어 완벽하게 사생활을 보장하는 공간은 호텔이 독보적이다. 호텔에 지불하는 비용에는 시설 이용비, 서비스비, 세금 등이 포함되어 있지만, 실제로 우리는 온전하게 쉴 수 있는 시간을 구매한 것이다. 정말 푹 쉬기 위해서는 스트레스를 받을 요소들이 눈에 띄어서는 안 된다. 온갖 잡념부터 밀린 청소 등이 자꾸만 떠오르기 때문에 예상과는 다르게 집에서는 제대로 쉬기 어렵다. 그래서 혼자 집에서 아무것도 하지 않고 가만히 쉰다는 것은 사실 맘처럼 되지 않는다. 나태하고 뒤처진 사람처럼 느껴지기도 하고, 괜스레 창밖으로 보이는 사람들이 모두 행복해 보여 약간 우울해지기도 한다. 게다가 쉬기 위해서는 내가 움직여야만 한다.

하지만 호텔에서는 이야기가 다르다. 고객이 시간을 구매했으니 호텔은 자신들의 시간을 사용해 우리들의 쉼을 보장해준다. 집에서처럼 내가 나를 위해 움직일 필요가 없다. 손 하나 까딱하지 않아도 24시간 편의를 챙겨주는 직원들이 상시 대기하고 있다. 호텔에서 쉴 때는 나태하거나 도태된다는 생각보다는 오히려 '더 나은 내일을 위해 오늘은 잠시 쉬어간다'라는 생각을 하게 된다.

호텔에서 쉴 때는 시간을 낭비한다는 생각을 하지 않는다. 이 또한 우리가 쉬는 시간을 구매했기 때문이다. 대신 어떤 품격으로 쉴지에 따라 금액이 달라진다. 우리가 내는 호텔 비용은 결국 시간에 대한 가치를 숫자로 표현한 것이라는 생각마저 든다. 가치를 평가한 숫자는 끝도 없기에 무리하지 않고 본인의 지불 능력 범위 안에서 소비하는 게 가장 현명하다.

호텔에서는 '언제든지 나를 케어해준다'라는 생각에 소소하게나마 권위와 편의를 동시에 느끼게 된다. 목소리 톤이 정중하게 바뀌고, 평소보다 점잖게 행동하고, 씀씀이가 다른 공간보다 비교적 커지는 이유이기도 하다. 아마 독자 여러분도 이상하게 호텔에서만큼은 평소보다 조금 더 관대해진 자신을 발견한 적이 있을 것이다. 이 맛에 한번 빠지면 조금만 몸이 피로하거나 지칠 때 '이번엔 어떤 호텔로 가볼까?'라며 인터넷을 뒤적거리게 된다.

이렇게 '호텔 중독'이 시작된다. 내가 구매한 시간만큼 나의 쉼을 위해 열과 성을 다해주니 어찌 마다할 수 있겠는가. 게다가 호텔 회원권 구매를 유도해 주기적으로 방문하게 만든다. 중독을 넘어 삶의 일부로 만들어버리는 것이다. 콘텐츠는 물론 자동차도 구독하는 시대이니 호텔 구독도 등장하고 있다. 일본에는 이미 호텔 구독 서비스가 있다. 매달 일정 금액을 내면 제휴 호텔에서 묵을 수 있다. 중독의 최고 레벨은 중독인지도 모르는 상태다. 호텔 구독이 활성화되면 지금보다 더욱 우리 삶 속에 스며들지 않을까.

호텔이 우리를 유혹하는 방법을 정리하면, 첫째는 철저한 이미지 관리, 둘째는 환상과 욕망 심어주기, 셋째는 중독시키기이다. 다음 'Floor 2'에서부터는 이 세 가지를 기본 전제로 고객이 흔쾌히 지갑을 열도록 호텔이 얼마나 치밀한 메이킹 머니 시스템을 갖추고 있는지 살펴볼 것이다. 그럼 이제 호텔로 떠나보자.

Making Money Ideas

★ 무슨 일이 있더라도 반드시 사수해야 할 단 하나의 이미지가 있다면 무엇인가?
★ 나는 상대방에게 어떤 아름다운 환상을 심어줄 수 있을지 생각해보자.
    혹은 나 자신이 운영하는 브랜드를 어떻게 생각해주길 바라는지 정리해보자.
★ 한 번 빠져들면 두 번, 세 번 찾아오게 할 만한 엣지가 있는지 스스로 돌이켜보자.

5

4

3

2 (Floor) **변하지만
변하지 않는 것이 있다**

1

포르쉐의 디자인은 현시대에 맞게 쭉 변화해왔다. 하지만 포르쉐다움은 변하지 않았다. 버킨백으로 유명한 에르메스도 마찬가지다. 디테일이 조금씩 바뀌긴 했어도 에르메스다움은 변하지 않았다. 그리고 그들은 이렇게 말한다. 'Everything changes, but nothing changes(모든 것은 변합니다. 그러나 근본은 변하지 않습니다).'

포르쉐, 에르메스에 비할 수 없이 소중한 '나 자신'은 어떨까? 세월이 지날수록 취향, 외모, 사고관이 조금씩 달라진다. 그러나 '나'라는 자신, 그리고 '나다움'은 변하지 않는다. 나이가 들수록 나만의 스타일과 개성이 짙어지고 사람들은 이를 '매력적'이라고 표현한다. 이 매력을 만들기 위해 우리가 가장 먼저 해야 하는 것은 바로 '본질적인 생각'이다. 여기서 말하는 본질적인 생각은 간단하다. '나는 누구인가'를 생각하는 것이다. 이것이 메이킹 머니와 무슨 상관인가 싶겠지만 이런 생각은 메이킹 머니를 위해 무척 중요하다. 호텔이 5년, 10년, 50년 혹은 그 이상 꾸준하게 나아가기엔 분명 한계가 있었을 것이다. 그들은 과연 어떻게 극복했을까?

단 3초 만에
유혹하는 호텔의 기술

시작이 반이다. 책을 읽을까 말까 고민스러울 땐 일단 책을 펼치고 한 줄이라도 읽어야 한다. 운동을 할까 말까 고민스러울 땐 일단 신발을 신고 집 밖으로 나가야 한다. 새로운 프로젝트를 진행할 때도 무조건 거창한 목표를 세우기보다는 지금 당장 빠르게 실행할 수 있는 작은 것부터 시작하는 게 좋다. 이미 우린 본능적으로 알고 있다. 망설이지 말고 '일단 시작'해야 한다는 것을. 시작이 좋아야 한다. 우리네 인생만 그런 게 아니다. 공간도 마찬가지다. 처음 보는 낯선 공간에 막 들어갔다고 생각해보자. 어디에

뭐가 있는지 몰라 쭈뼛거리고 있을 때 이를 알아차린 직원이 먼저 다가와 우리가 머쓱하지 않게 안내를 도와준다면 어떨까?

혹은 식당에 갔을 때를 떠올려보자. 손님이 들어와도 아무 반응이 없고 테이블 정리도 안 되어 있는 모습이 아닌, 문이 열리자마자 궁궐에 들어온 듯한 분위기와 정갈하게 정돈된 공간이 펼쳐진다면 어떨까? 식사도 하기 전부터 대접받는다는 생각에 기분이 좋지 않을까? 혹은 건물 안으로 들어가지도 않았는데 '와!'라는 소리가 절로 나오는 아름다운 건축 디자인에 감탄하게 된다면 어떨까? 공간 안에 들어가기 전부터 무척이나 설레고 기대에 찼던 경험이 한번씩은 있을 것이다.

이처럼 시작이 좋으면 소위 '일단 먹고 들어가는 것'들이 생긴다. 낯선 공간에 대한 두려움과 적대감은 한순간에 사라진다. 공간 안에 있는 모든 게 좋게 보인다. 공간에 대한 설렘과 기대감이 높아진다. 고작 '첫 경험의 시작이 좋았다는 이유' 하나로 말이다! 그렇게 해서 사람들의 굳게 닫혀 있던 지갑이 서서히 열리기 시작한다.

호텔은 경험의 시작이 중요하다는 사실을 잘 알고 있다. 이들이 어떻게 풀어나가는지 알고 나면 지금 여러분들이 하고 있는 비즈니스에도 적용해 빠른 속도로 매출을 올리고 단골을 모을 수 있다. 게다가 인스타그램이나 유튜브 등의 팔로워와 구독자 수를 대폭 끌어 올릴 수도 있다. 꼭 사업이나 소셜 미디어를 하지 않더라도 괜찮다. 하다못해 인간관계를 돌아보게 되고 오늘보다 더 매력적인 사람으로 성장할 수 있다. 호텔은 도대체 어떤 비법을 가지고 있을까?

발을 들이는 순간 매력에 빠져들게 하는 방법

단 3초만에 상대방을 유혹하는 본질적인 방법은 바로 첫인상이다. 어떤 사람을 처음 만날 때를 생각해보면 쉽게 알 수 있다. 사전 정보가 없는 상태에서 우린 불과 3초 만에 상대방이 어떤 사람일지를 판단한다. 물론 '첫인상'만으로 상대를 속단하긴 섣부르다. 외모, 옷차림, 말투 등 겉모습만이 아닌 내면까지 깊이 있게 알아야 한다. 그렇게 하려면 오랜 시간 함께하며 유대를 쌓아야 한다. 그런데 첫인상이 좋으면 어떨까? 우리는 '순식간'에 호감을 느낀다. 첫인상이 좋은 사람은 좋은 직업과 괜찮은 능력을 가졌으리라 생각하고, 가까이 지내고 싶다는 생각이 든다.

그러나 첫인상이 좋지 않은 경우에는 나도 모르게 상대방과 거리를 두게 된다. 첫인상이 좋지 않았던 사람이 실수를 하면 '그럼 그렇지'라는 말이 절로 나온다. 제아무리 심성이 착한 사람이더라도 안 좋았던 첫인상의 선입견을 깨부수는 데에 꽤 오랜 시간이 걸린다. 하지만 반대로 첫인상이 좋았던 사람이 실수를 하면 어떤 반응이 나올까? 오히려 웃으면서 '에이, 사람이 살다 보면 그럴 수도 있지 뭐. 허허허!'라며 넘어간다. 첫인상의 힘이 이렇게나 무섭다.

3초라는 짧은 시간 안에 첫인상이 좋아 보이게 할 수 있다면 어떨까? 삶이 편해지지 않을까? 그런데 대부분 첫인상이라고 하면 옷차림과 외모만 생각하는 경향이 강하다. 하지만 첫인상은 시각적인 요소들 외에 향기, 말투, 매너 등 오감을 복합적으로 자극해 완성된다. **첫인상은 단순히 '처음 눈에 보이는 것'이라기보다 '처음 느껴지는 것들의 총합'이다.**

호텔과 고객이 처음 마주하는 공간은 바로 '로비'다. 그래서 호텔의 첫인상은 대개 로비에서 결정 난다. 호텔의 얼굴인 셈이다. 게다가 호텔 안에서 투숙객과 방문객 모두가 사용할 수 있는 유일한 공간이기에 가장 많은 사람이 드나드는 곳이기도 하고, 체크인과 체크아웃이 이뤄지는 공간으로 처음과 끝을 담당한다. 투숙객들에겐 설렘을 안겨주고, 방문객들에겐 '다음엔 이곳에 머물러봐야지'라며 기대를 심어주는 유혹의 공간이다. 그래서 호텔은 '우리는 이런 곳이란다'를 확실하게 보여주기 위해 로비에 많은 공을 들인다.

그렇다면 도대체 첫인상을 어떻게 만들었기에 상대방을 단시간에 유혹할 수 있을까? 150군데 넘는 호텔을 다닌 결과 첫인상이 강렬한 호텔 로비의 공통점을 찾아낼 수 있었다. 그들은 '자신이 어떤 브랜드인지' 정확히 알고 있다. 다시 말하면 '정체성이 확실하다'는 공통점이다.

쉽게 이해하기 위해 사람에 비유해보자. 보통 사람들은 흐릿한 사람보다 자기 주관이 뚜렷한 사람에게 더 매력을 느낀다. 이를테면 파산 직전까지 내려가 모든 인간관계가 다 끊긴 사람이 있다고 가정해보자. 그는 이 상황을 극복하기 위해 하루 스무 시간씩 이를 악물고 일하며 자수성가해 성공했다. 이런 사람은 '노력하면 된다'라는 자기만의 확실한 주관이 생길 수밖에 없다.

하나 더 예를 들어보자. 과도한 음식 섭취로 비만해져 사회에서 따돌림을 당하던 사람의 대변신 이야기다. 그는 건강한 식단으로 바꾸고 난 후 엄청나게 인정받는 사람이 되었는데, 그러면 그에게는 '건강한 식단은 인생을 바꾼다'라는 선명한 주관이 생길 수밖에 없다. 벌써부터 뭔가 매력이 느껴지지 않는가?

이처럼 매력 있는 브랜드의 뚜렷한 정체성은 'why', 즉 '그 일을 왜 하는가'에서 출발한다. 브랜드로 치면 '그 브랜드를 만들게 된 이유'다. 그리고 이유는 곧 '신념'이 된다. 건강하게 식단을 바꿔 살을 빼고 인생이 바뀐 사람은 '건강한 식단이 인생을 바꾼다'고 믿는다. 실제 본인이 겪은 일이기에 믿음이 더욱 확고해졌을 것이다.

그리고 자신의 믿음을 사람들에게 증명하기 위해 그에 걸맞는 행동을 하게 된다. 이를테면 오후 8시 이후로는 음식 섭취 금지, 염분 줄이기, 직접 요리하기 등을 실천한다. 마치 미션 같지 않은가? 이런 실천을 브랜딩에서는 '브랜드 미션'이라 부른다. 이 미션들을 하루하루 수행하며 한 겹씩 쌓아 올렸을 때 비로소 색이 짙어진다. 사람들은 이를 보고 '개성 있다'고 칭한다. 그래서 독특하다고 불리는 콘셉트는 구상에서 끝나는 게 아니라, 그 일을 하는 이유를 확실하게 하고 자신의 신념을 밀어붙이는 데서 출발한다. 시간이 걸리는 일이다.

다시 돌아오면, 지구상에 비슷한 제품, 서비스, 공간은 무척이나 많다. 그러나 그 브랜드를 만든 '이유'는 지구상에 하나 뿐이다.

그렇기에 '정체성이 명확한' 브랜드를 만들기 위해선 '나는 그 일을 왜 하려 했는가'라는 물음에 심도 깊은 고민을 해야 한다. 그래야 어디서도 본 적 없는 독창적인 브랜드가 태어나는 법이다.

게다가 브랜드를 만들게 된 '이유'가 있기에 진정성도 느껴진다. 실제로 내가 직접 기획하고 운영 중인 커피 브랜드 이드커피를 예로 들어보자. 대한민국에는 2023년 기준 9만 3,000여 개의 카페가 있다. 쉽게 말해 편의점보다 약 두 배 더 많다고 보면 된다. 이런 치열한 시장에서 살아남아야 한다. 그런데 '그냥 커피가 좋아서 시작했어요'라며 뛰어들면 어떨까? 삽시간에 잊혀질 것이다. 냉혹한 현실이다. 어떻게든 강렬한 '첫인상'으로 고객을 사로잡아 구미가 당기게 만들어야 한다.

앞서 이야기했듯 강렬한 첫인상을 위해서는 'why'만한 게 없다. 실제로 나는 생각할 일이 있을 때 늘 곁에 커피를 두곤 한다. 그런데 커피가 맛있으면 기분도 좋아지고 왠지 몰입 또한 잘되는 듯한 기분이 들었다. 그래서 나는 '맛있는 커피 한 잔은 생각의 몰입을 돕는다'고 믿는다. '나처럼 몰입이 필요한 분들에게 도움이 되고 싶다.' 이것이 이드커피를 만들게 된 결정적인 이유였다.

그래서 커피 메뉴를 기획할 때도 '생각의 순간들', 이를 테면 영감, 집중, 사색 등과 같이 구성했다. 성내동에 매장을 만들 때도 '몰입이 되는 공간'을 목표로 카페 인테리어를 풀어나갔다. 'why' 하나가 명확하게 잡혔을 뿐인데 메뉴, 공간 등이 수월하게 풀린 셈이다. 그리고 이런 크고 작은 경험들이 하나로 모여 사람들에게 우리 브랜드가 인식되는 것이다. 이 총체적 경험의 합을 우리는 '브랜딩'이라고 한다. 그리고 대체로 'why'가 확실한 곳들은 첫인상이 강렬하기에 한번 보면 쉽게 잊히지 않는다. 이를 이해하고 호텔의 로비를 살펴보면 무척이나 흥미롭다. 호텔 로비로 떠나보자.

첫인상에 목숨 거는 호텔들

각자의 머릿속에 호텔 로비라고 하면 떠오르는 이미지가 있을 것이다. 실제로 화려하고 웅장하며 격조 있는 느낌의 5성급 호텔 로비는 그야말로 예술이다. 상상도 못할 정도의 막대한 예산이 들어갔을 것이다. 그러나 모든 호텔의 로비가 그런 것은 아니다. 세계 최대 규모의 호텔 체인인 '메리어트'로 살펴보자. 메리어트는 131여 곳의 국가 및 지역에 30개의 브랜드와 7,000개 이상의 호텔을 운영하고 있으니 규모가 어느 정도인지 가늠이 될 것이다. 한 마디로 호텔계의 스타벅스라고 생각하면 이해하기 쉽다.

1 2019년에 오픈한 목시호텔 익선동   2 2022년에 오픈한 목시호텔 명동
3 목시호텔 익선동의 공용 공간   4 목시호텔 명동의 공용 공간

그중에 '목시호텔Moxy Hotel'이라는 곳이 있다. 여기는 특이한 점이 체크인하는 로비가 루프톱 바bar에 있다. 심지어 그 로비 겸 바는 20~30대 젊은 남녀가 모여 맥주와 칵테일을 마시며 파티를 할 것만 같은 자유로운 분위기에 몸을 둠칫둠칫하게 만드는 음악까지 흘러나온다. 체크인하러 들어갔을 뿐인데 급격하게 기분이 좋아지며 신이 난다. 대낮부터 칵테일 한잔 털어 넣고 싶단 생각마저 든다.

실제로 한쪽 면엔 맥주나 각종 주류를 마실 수 있는 공간도 있고, 컵라면을 끓여 먹을 수 있는 공간까지 있다. 우리가 생각했던 무게감 있는 호텔 로비의 분위기와는 완전히 다른 모습이다. 첫인상이 아주 강렬하고 범상치 않다. '새롭다!'라는 느낌을 가득 받으며 나도 모르게 이 호텔 브랜드에 스며들기 시작한다.

목시호텔은 밀레니얼 세대를 공략하고자 2014년에 처음 만들어진 호텔 브랜드다. 국내엔 2019년 익선동 부근에 처음 오픈했고, 2022년에는 명동에도 터를 잡았다. 목시호텔은 소셜 미디어에 익숙하고 사람들과 소식을 공유하며 어울리는 것을 선호하는 밀레니얼들의 특징을 고려해 만들어졌다. 그래서 이 호텔은 힙하게 파티를 하고, 자유분방하게 그리고 가장 자기답게 사는 분위기를 보여주는 것으로 자신들의 첫인상을 구축했다.

이 호텔에 엄숙함은 독약과도 같다. 호텔하면 생각나는 격조 있는 모습과는 달리 이곳은 캐주얼하고 힙하면서 서로 금방 친해질 수 있는 분위기다. 이 호텔에는 공용 라운지가 큼직하게 자리하고 있다. 여기서 보드게임을 할 수도 있고, 노트북을 펼쳐 업무를 보기에도 편리하다. 체크인하러 갈 때 이 공간을 마주치게 되는데, 이때부터 사실 자유로워 보이는 느낌을 갖게 된다. 그리고 그 강렬한 첫인상은 로비에서 극대화된다. 서울에 있는 목시호텔의 로비는 모두 바와 하나로 이루어져 있다. '체크인을 바에서 하다니!' 체크인하러 발걸음을 옮기는 순간 강렬한 인상을 받을 수밖에 없다. 시작부터 이 브랜드의 전체적인 분위기를 단번에 느낄 수 있는 아주 힙한 구조다.

이번에는 고급스러운 브랜드를 살펴보자. 시설과 분위기가 힙해야만 첫인상이 강렬한 것은 아니다. 로비를 운영하는 방식으로도 첫인상을 강렬하게 만들 수 있다. 호텔 로비에 있는 프런트 데스크를 떠올려보자. 데스크를 가운데 두고 투숙객과 정갈하게 차려입은 직원이 마주하고 있다. 그리고 직원은 특별한 일이 아니면 데스크 바깥으로 나오지 않는다. 항상 그 자리를 지키고 있다.

그런데 지금부터 이야기할 호텔 '안다즈Andaz 서울 강남'은 다르다. 안다즈는 하얏트 호텔 체인 내에 있는 럭셔리 부티크 호텔 브

안다즈 서울 강남의 로비

랜드다. 이곳은 직원의 복장부터 예사롭지 않다. 정장이 아닌 캐주얼한 차림에, 신발도 구두가 아닌 하얀색 나이키 에어포스를 신고 있다. 옷에 직원 명찰을 달고 있지 않다면 투숙객인 줄 알 것이다. 오히려 이런 복장 때문에 직원을 찾기가 어렵지 않을까 싶었다. 하지만 그렇지 않다.

이곳에서는 직원들이 데스크 바깥으로 돌아다니며 손님에게 먼저 인사하고, 먼저 다가간다. '고객님'이 아닌 '이름'으로 손님을 불러주는 디테일까지 더해지니 훨씬 더 분위기가 부드러워진다. 체크인 절차를 마치고 나면 객실로 올라가는 엘리베이터까지 동행하는 걸로 깔끔하게 마무리한다. 5성급 호텔이라고 모두 이렇게 하는 것은 아니다. 안다즈가 특히 눈에 띄는 경우다. 이런 시스템이면 체크인하는 과정에서 개인 맞춤 서비스를 받는 기분이 들어 본격적으로 투숙하기 전부터 좋은 첫인상을 갖게 된다. 이들이 이렇게 하는 이유는 왜일까? 그 힌트는 호텔 이름에서 찾아볼 수 있다.

사람의 이름도 뜻이 있고, 제품과 서비스의 명칭에도 저마다의 뜻이 있다. 그래서 이름은 곧 철학이자 신념이다. 안다즈는 힌디어로 '개인의 스타일'이라는 뜻이다. 안다즈는 고객이 프런트 데스크로 다가가 체크인하기 전에 직원이 데스크 바깥으로 나와 고객에게 먼저 다가가는 방식을 선택했다. 앞에서도 말했듯이 직원들은 정장 대신 다양한 유니폼을 '개인의 스타일'에 맞게 매일 바꿔 입고 근무한다.

안다즈는 2019년에 오픈했다. 당시 5성급 호텔에서는 찾아보기 힘든 과감한 시도였다. 앞서 첫인상은 보이는 게 전부가 아닌 '느껴지는 것의 총합'이라고 말했다. 그리고 3초 만에 고객을 유혹하는 데에 꼭 멋진 시설만이 전부는 아니다. 안다즈는 직원들의 행동 방식만으로 5성급 호텔 특유의 근엄한 분위기에서 벗어나 편안한 브랜드라는 인상을 갖게 한다.

내세울 패가 있다면 아끼지 않고 공개한다, 강렬하게

이번엔 또 다른 로비 공간을 살펴보자. 시작하자마자 '와우!'라는 말이 절로 나온다. 어쩌면 이 호텔은 3초도 안 걸리는 것 같다. 호텔 로비라고 하면 보통은 1층을 생각한다. 그러나 모두가 그런 것은 아니다. 건물의 가장 꼭대기 층에 로비가 있는 경우도 있다. '로비가 그렇게 높이 있으면 불편하지 않나?'라고 말할 수 있다. 그러나 나름의 이유가 있다.

로비 공간은 투숙객들도 드나드는 곳이지만 일반 방문객들도 드나들 수 있는 곳이다. 그러나 공간의 격은 이용하는 사람이 완성한다는 점에서 예상치 못한 사람들의 방문으로 브랜드 이미지에 해를 끼칠 수도 있다. 비용을 지불한 투숙객 입장에선 불편을 호소할 수도 있다. 럭셔리를 지향하는 호텔일수록 더욱 예민하게 생각할 수밖에 없다. 투숙객의 프라이버시를 지키면서 브랜드 이미지를 끌어올려야 한다. 여기서 가장 효과적인 방법은 건물의 가장 높은 층으로 로비를 올리는 것이다. 그렇게 되면 어떤 매력이 있을까?

건물 꼭대기에 로비가 있는 구조의 경우에는 투숙객이나 호텔 시설 이용객 외에 일반인들이 쉽게 드나들 수 없다는 특징이 있다. 공간 사용의 쾌적함을 느낄 수 있고, 건물의 가장 높은 층에 있으니 전망 또한 좋을 수밖에 없다. 대개는 프런트 데스크 주변에 크게 창을 만들어 창밖의 멋진 전망이 보이게 한다. 자연스럽게 스마트폰의 카메라를 꺼내게 만드는 것은 물론이고, 들어오자마자 '와우!'라는 반응이 나오게 한다. 고객의 마음을 사로잡는 강렬한 첫인상을 만들어내는 것이다.

이런 호텔들의 공통점은 대부분 지리적인 이점이 있다. 창 너머로 한강이 시원하게 보인다거나 아름다운 도심의 전경이 펼쳐지

호텔나루서울-엠갤러리 로비와 카페 모습.
3초 안에 상대방을 사로잡으려면 가지고 있는 가장 강력한 무기를 꺼내야 한다.
누구나 갖고 싶지만 아무나 가질 수 없는 '전망'이 그 무기가 될 수 있다.

거나 화려한 조명이 반짝반짝 빛나는 야경이 내다보이는 식의 감탄사를 자아내게 하는 무기를 하나씩 가지고 있다. 주어진 시간은 단 3초뿐이다. 첫인상을 좋게 만들기 위해서는 자신이 보여줄 수 있는 모든 것을 총동원해야 한다. 강점으로 내세울 게 있다면 주저하지 말고 더 적극적으로 보여줘야 한다.

가장 대표적인 사례가 바로 마포역에 있는 '호텔나루서울-엠갤러리'다. '엠갤러리MGallery'는 글로벌 호텔 기업인 아코르의 프리미엄 브랜드다. 과거 이 동네 이름이 마포나루였으며, 이곳은 예로부터 한강의 경치에 감탄한 화가, 시인 등 예술가들이 영감을 얻기 위해 찾던 곳이다. 하루하루 바삐 살아가는 현대인들이 잠시라도 아름다운 경치를 보며 영감을 얻어갔으면 하는 마음에 이 자리에 터를 잡게 되었다고 한다. 그래서 '엠갤러리'라는 브랜드명 앞에 '나루'를 붙였다.

여기서의 핵심은 '한강의 아름다운 경치'다. 누구나 우리 집 창문 프레임에 넣어두고 싶은 전망이지만 아무나 가질 수 없는 전망이다. 엠갤러리는 막강한 무기를 가지고 있는 셈이며, 자신들의 무기를 적극적으로 활용한다.

호텔 1층 출입문을 열고 들어서면 바로 로비가 나오지 않고 카페 공간이 먼저 나온다. 엘리베이터를 타고 높은 층으로 쭉 올라가야 로비를 마주할 수 있다. 엘리베이터 역시 바깥을 볼 수 있는 디자인이어서 로비로 올라가는 도중에도 한강과 서울 시티 전경을 볼 수 있다. 띵 소리와 함께 엘리베이터 문이 양옆으로 열리면 '강렬한 첫인상'이 시작된다. 공간에 자부심이 느껴지는 높은 층고, 그 층고를 이용해 넓고 높게 보란 듯이 펼쳐진 창 너머로 보이는 한강 전망은 저절로 카메라를 꺼내 들게 한다. 손님이 몰려 체크인 대기가 길어져도 좋다. 넋 놓고 창밖의 아름다운 풍경을 보게 되기 때문에 기다리는 시간이 전혀 지루하지 않다. 누구라도 유혹에 넘어갈 수밖에 없다.

체크인을 하는 프런트 데스크에는 한강을 바라보며 커피, 주류 등을 즐길 수 있는 카페와 바가 있다. 위치가 기가 막히다. 체크인과 아웃을 할 때 반드시 지나가야 하는 동선에 자리 잡고 있다. 오가다 보면 유혹의 손길을 뿌리치지 못하고 '그래 여기까지 왔는데 한강 바라보며 커피 한잔해야지'라는 생각이 스멀스멀 올라온다. 예정에도 없던 한강뷰 호텔 카페와 바를 이용하게 된다. 지갑이 활짝 열렸으나 후회는 없다. 오히려 한강뷰를 내려다 볼 수 있는 자리가 있다는 것에 기쁠 뿐이다.

'이유'가 확실한 첫인상을 만든다

세 곳의 호텔 로비를 돌아보면 여러분도 충분히 메이킹 머니를 하는 인사이트를 얻을 수 있다. 메이킹 머니를 하기 위해서는 고객과 브랜드 사이에 어느 정도 신뢰가 쌓여야 한다. 그러나 우리에겐 신뢰를 쌓기 위한 충분한 시간이 주어지지 않는다. 그래서 우린 단 3초 만에 상대방을 파악해버리는 '첫인상'을 믿는다.

한번 박힌 첫인상은 쉽게 바뀌지 않기에 더욱 중요하다. 그 첫인상을 만들어내기 위해 호텔들은 오랜 세월 동안 끊임없이 연구해왔다. 단 3초 만에 고객을 유혹하기 위해서 말이다. 로비가 1층에 있든 맨 꼭대기에 있든 상관없다. 핵심은 '어떻게 하면 우리 공간에 발을 들이자마자 반하게 만들 것인가'이다.

유혹적인 첫인상을 만들기 위해서는 독창성, 진정성, 심미성이 필요하다. 이 모든 조건을 무조건 모두 다 충족시켜야 한다는 압박을 받을 필요는 없다. 사실 이 세 가지 요소는 '나의 브랜드를 명확하게 정의'하는 것만으로도 해결되기 때문이다. 정의를 내릴 때 가장 중요한 것은 '나는 이 브랜드를 왜 운영하는가?'라는 질문에 대한 답을 찾는 일이다. 그리고 그 정의를 기반으로 '눈에 보이는 것'을 넘어 '느껴지게' 표현하는 것이다.

문을 열자마자 이드커피만의 첫인상을 느낄 수 있는 카페 내부 모습

그렇다면 이런 생각도 해봐야 한다. 호텔에서 배운 3초 만에 유혹하는 첫인상을 온라인상에서도 적용해볼 수 있을까? 충분히 가능하다. 특히 인스타그램이나 유튜브 같은 소셜 미디어라면 더욱 적용하기 좋다. 팔로워 혹은 구독자 수를 늘리는 데도 도움이 된다. 앞서 이야기한 내용들을 똑같이 대입해보자.

'나는 이 채널을 왜 운영하려 할까?'를 먼저 생각해야 한다. 내가 운영하는 인스타그램을 예로 들어보자. 나의 소셜 미디어 프로필에는 '호텔을 세우기 위해 호텔을 돌아다닌다'라고 적혀 있다. 그러면 그냥저냥 호텔이나 다니면서 콘텐츠를 만드는 게 아니라 분명한 이유가 있다고 느끼게 된다. 저 한 줄 문구로 인해 다른 채널과 차별화되는 것이다. 유혹적인 첫인상을 이렇게도 만들 수 있다. 혹은 한눈에 보기 좋게 일관된 썸네일을 만드는 것도 첫인상을 좋게 만드는 방법 중 하나다.

공간을 만든다고 하면 내가 이 공간을 만들려는 이유가 있을 것이다. 그 이유가 공간에서 가장 잘 표현되도록 집중하면 인상 깊은 첫인상을 만드는 데에 도움이 된다. 앞에서 이야기했던 이드 커피를 예로 들어보자. 먼저 카페 공간을 기획할 때도 호텔에서 배운 첫인상을 잊지 않고 문을 열자마자 '몰입되는 느낌'을 주기 위해 긴 시간 머리를 쥐어짰다.

그렇게 해서 나온 공간 기획은 이런 것이었다. 몰입을 위해서는 외부의 방해 요소로부터 해방되는 것이 우선이다. 이곳에 오면 원하든 원치 않든 온갖 정보의 소음에 노출되어 있는 사람들이 마치 동굴 속에 숨어든 느낌을 받을 수 있다. 게다가 '생각의 몰입'을 공간적으로 어떻게 풀어낼까 고민하다 떠오른 게 바로 긴 테이블이 쭉 놓인 '대학 도서관'이었다. 그래서 이 둘을 합치니 '동굴 속의 도서관'이란 공간 기획이 완성되었다.

여기에 조명을 살짝 어둡게 하고, 돌과 나무 같은 자연적인 소재를 사용했다. 집중에 방해되지 않도록 화려하지 않고 단조롭게 접근해 시각적인 피로감도 덜어내려 했다. 결국 '생각의 몰입'을 중심으로 모든 것을 맞춰나가기 시작한 것이다. 뚜렷한 의도를 가지고 공간을 기획한 결과, 이 모든 게 어우러져 '방해받지 않고 몰입하기 좋은 분위기'라는 첫인상을 갖게 된다.

오프라인 공간이든 온라인 공간이든 '나는 왜 이걸 운영하려 하는가?'에 대한 답을 찾아야 한다. 정체성에서 출발하면 첫인상을 매력 있게 만드는 힌트를 얻을 수 있다. 꼭 공간이 아니더라도 좋다. 이는 '나'라는 인간에도 적용할 수 있다. 나의 첫인상을 바꾸고 싶다면 '나는 어떤 사람인가?'라며 나의 정체성부터 고민하는 시간을 가질 필요가 있다.

첫인상을 확실하게 만들어 상대방을 강렬하게 유혹하고 싶다면
아래의 질문 리스트를 곰곰이 고민해보자. 획 읽고 넘기지 말고
꼭 생각해봐야 한다.

Making Money Ideas

★ 나는 무엇을 하는 사람이며 어떤 사람이 되고 싶은가?

★ 내가 운영하는 브랜드는 무엇을 하는 브랜드이며, 어떤 브랜드로 사람들에게
   인식되고 싶은가?

★ 나는 왜 그런 사람 혹은 그런 브랜드가 되고 싶은가? 나는 누구이며,
   나의 브랜드는 무엇인가?

★ 스스로가 생각하는 나의 브랜드와 공간을 한 줄로 요약하면 어떻게 정리할 수
   있는가? 그리고 그 한 줄 정리된 것을 실제로 표현하고 있는가?

★ 나에게 상대방을 확실하게 유혹할 수 있는 무기가 있다면 어떤 것인가?

신념이
밥 먹여주는 이야기

요즘엔 모든 게 빨라도 정말 빠르다. 산업혁명이 시작되고, 기계화와 자동화가 보편화되고, 인터넷이 세계 곳곳에 깔리고, 스마트폰이 등장했다. 오늘날 우리는 개인이 감당할 수 없을 정도로 많은 양의 정보를 접한다. 정보가 많다는 것은 그만큼 활용할 게 많다는 뜻이기에 장점이 되기도 한다.

그러나 자꾸 누군가와 비교하는 환경에 저항 없이 노출되는 것도 사실이다. 소셜 미디어 안에만 들어가면 나보다 훨씬 잘사는 친구들, 나보다 어린데도 한 달에 몇천만 원 이상씩 버는 사람들, 매일의 일상이 화려하기만 한 인플루언서들이 넘쳐난다. 소셜 미디어가 아니면 몰랐을 사람들마저 우리는 반 강제적으로 접하게 된다. 그들의 모습을 보면서 동기부여가 되어 '나도 화이팅해야지!'라며 건강한 생각을 할 수도 있다. 그러나 소셜 미디어를 끊어내지 않는 이상 계속 누군가와 비교하는 것은 어쩔 수가 없다.

그래서일까. 어느 순간부터 '속도전'이 시작되었다. '한 달 안에 ○○○하기', '2주 만에 ○○○원 벌기' 등 짧은 시간에 높은 성과를 내는 것에 집착하게 되고, 수많은 광고들도 이런 내용으로 사람들을 현혹한다. 나 또한 그런 내용의 정보를 볼 때마다 '오 그런 게 있어?'라며 찾아보게 된다. 한편으로는 고물가, 저성장에 대한 뉴스가 쏟아지다 보니 다들 각자 살아남기 위해 빠르게 성과를 내고, 단기간에 돈을 버는 것에 관심이 쏠리는 것은 자연스러우면서도 씁쓸한 현상이다.

그렇다 보니 자신이 어떤 사업을 한다고 했을 때 '내가 이걸 왜 하는지'에 대한 고민이 점점 짧아진다. '너, 그거 왜 해?'라고 물어보면 '빠르게 돈 벌려고!'라는 대답이 돌아온다. 물론 우리가 하는 모든 일은 먹고살기 위해서다. 돈이 행복의 전부라고 할 수는 없지만 돈이 없으면 불행한 것은 부정할 수 없는 사실이다. 돈은 중요하다. 그러나 이는 수단이지 궁극적인 목표가 될 수는 없다. 계획한 목표 금액을 벌고 나면 그보다 더 많은 돈을 벌고 싶다는 생각이 들고, 돈만 좇다 보면 '이게 과연 내가 하고자 했던 것인가?'라며 소위 '현타(현실자각타임)'가 온다. 처음엔 기쁠지 모르지만 이내 마음 한편이 헛헛해질 것이다.

누구나 자신의 정체성이 '돈'이라고 생각하진 않을 것이다. 각자의 마음속엔 말하지 않은 꿈이 있다. 그리고 굳이 이 일을 하고 싶었던 '나만의 솔직한 이유'를 생각해봐야 한다. '나는 왜 그 일을 하려 했을까?' 여기에서부터 사업이나 아이디어가 출발해야 한다. 그렇게 했을 때 우리는 흔들리지 않고 꾸준하게 메이킹 머니를 할 수 있다. 상대방에게 도움이 되고 그로 인해 나도 보상받으며 서로 원원할 수 있다. 세상을 한 걸음 더 발전시키는 것이다. 그런데 이런 이야기를 하면 보통 '팔자 좋은 소리 한다', '참 낭만적인 이야기네?'라는 반응을 보인다. 그러나 이 낭만 덕분에 글로벌 브랜드로 성장한 호텔 이야기를 들으면 생각이 바뀔 것이다.

1박에 100만 원이 넘어도 완판에 품절까지

반얀트리는 정말 놀라움의 연속이다. 이곳의 하루 평균 숙박비는

100만 원대. 코로나가 시작된 뒤 호텔 대부분이 부랴부랴 가격을 내리기 바빴다. 절대 망할 리 없다던 명동의 호텔들이 줄줄이 문을 닫는 상황에서도 반얀트리는 매해 객실 금액을 조금씩 인상했다. 그런데도 80~90%의 높은 객실 가동률을 자랑했다. 호텔업계 최초로 네이버 쇼핑 라이브로 객실을 판매했는데 150개의 객실이 10분 만에 완판되었고, 추가 확보한 100개의 객실마저 금세 품절되었다.

게다가 이 브랜드는 설립한 지 25년 동안 무려 상을 2,535개나 수상했다. 그러니까 1년에 100여 개의 상을 받았다는 믿을 수 없는 이야기다. 도대체 그 비결이 무엇일까? 이들의 메이킹 머니 시스템을 탐구하기 위해 직접 투숙도 해보고 관계자를 만나 인터뷰도 진행했다. 그 결과 본질적인 비결을 찾아냈다.

대부분의 브랜드는 창립자의 생각이 곧 브랜드의 생각이자 철학으로 이어지는 경우가 많다. 반얀트리는 어떨까? 반얀트리는 창립자 호권핑何光平 회장이 사업에 실패한 이야기에서부터 출발한다. 아버지의 갑작스러운 뇌졸중으로 가업인 신발공장을 물려받은 그는 선진 기업들의 저가 경쟁 전략을 버틸 수 없어 1년 만에 문을 닫았다. 이어 석유 굴착기 사업에도 과감히 도전했지만 파산 직전에 이르고 만다. 이 두 번의 경험을 토대로 그는 한 가지 깨달은 게 있다. '독보적인 기술이 있든가, 아니면 강한 브랜드 파워가 있든가 둘 중 하나는 있어야 살아 남는다'는 것을.

평소 여행을 즐기던 그는 아내와 함께 푸껫으로 여행을 떠났는데, 그곳에서 무척이나 푸른색을 띠는 물이 있는 곳을 산책하게 되었다. 그는 그곳을 돌아보며 '하와이 같은 리조트가 있었으면 좋겠다'라는 생각이 들어 덜컥 그 부지를 매입했다. 당시 동남아권에는 그런 리조트 시설이 없었다.

그런데 알고 보니 유독 물이 푸르렀던 이유가 있었다. 그 지역은 탄광 개발로 인해 오염이 심각하게 진행된 곳이었다. 푸른 물은 탄광에서 흘러나온 산성 물질 때문이었다. 심지어 유엔개발계획(UNDP)이 '회복 불가능한 땅'으로 분류해놓은 곳이었다. 그렇게 무너지나 싶었지만 그와 아내는 좌절하지 않았다. 그는 상처받은 땅과 바다를 살려내기 위해 10년간 7,000그루의 나무를 심었다. 그리고 그곳을 정화하는 데에 성공했다. 그렇게 반얀트리의 역사가 시작되었다.

반얀트리는 실제로 존재하는 나무의 한 종류다. 인도인들 사이에서는 심신을 달래주는 휴식의 상징이자 새 생명과 쉼터를 주는 나무로도 알려져 있다. 재생 불가능해 보였던 땅을 기적같이 살려내고, 지친 여행객들이 집보다 더 편하게 쉬어가며 지친 심신을 위로하는 리조트와 호텔을 만들겠다던 호권핑 회장의 눈에 '반얀트리'라는 이름은 그야말로 찰떡이었다.

반얀트리는 '진정한 영혼의 휴식이 있는 안식처sanctuary for the senses'가 되겠다는 신념으로 앞만 보며 달려 나갔다. 반얀트리가 목숨만큼 중요하게 여기는 것은 '럭셔리'가 아닌 '릴렉스'다. 실제로 호권핑 회장은 "럭셔리라는 말을 쓰지 않는다"고 밝힌 바 있다. 그렇다면 이들은 어떻게 휴식을 취하는 경험을 제공했기에 현재까지도 상당한 인기를 끌고 있을까?

반얀트리 하면 자동반사적으로 떠오르는 게 객실 안의 수영장이다. 사실 지금이야 풀빌라 형태의 숙박시설들이 많지만 모든 객실에 개별 수영장을 둔 '올 풀빌라' 리조트는 반얀트리가 최초다. 이들이 이런 시스템을 도입한 것은 고급스럽고 화려하게 보이기 위해서가 아니다. 앞서 푸켓에 첫 번째 반얀트리를 세울 당시 그곳은 바닷가에서 다소 떨어져 있어 투숙객들이 손쉽게 바다를 즐기기 어려웠다.

호권핑 회장은 투숙객이 바다를 간접적으로 즐기며 쉴 수 있도록 하기 위해 모든 객실에 별도 수영장을 두기로 결심했다. 대신 바깥에서는 안을 절대 들여다볼 수 없게 설계했다. 집보다 더 편안한 곳을 만들기 위해서다. 호권핑 회장의 어머니가 팔십 평생 처음으로 옷을 다 벗고 수영하고 일광욕을 해봤다며 아들인 호권핑 회장에게 이야기했을 정도라고 한다.

반얀트리 서울에도 객실 안에 작은 풀장이 있다. 겨울철엔 사람 체온과 비슷한 36~37도의 수온이 체크아웃 때까지 유지된다. 그 안에 들어가 고개를 들면 창밖으로 남산과 남산타워가 보인다. 그 자체로 이미 마음이 평온해지기 시작한다. 참고로 수영장 이름도 릴렉세이션 풀relaxation pool이다. 창가에는 마음이 차분해지는 인센스(향)도 준비되어 있다. 풀 안에 몸을 담근 채 그 향을 느끼노라면 '그래, 이게 쉬는 거지'라는 생각이 절로 든다. 게다가 향의 종류도 매일 바뀐다.

음악도 빠질 수 없다. 객실 안에는 제네바 스피커가 갖춰져 있다. 평일엔 정신 바짝 차리고 화이팅하기 위해 템포가 빠른 열정적인 음악을 들어왔다면 여기서는 느릿느릿한 음악을 듣게 된다. 눈으로는 회색 건물 대신 남산을 바라보고 코로는 평온해지는 향을 맡으며 따뜻한 풀 안에 몸을 담근 채 음악을 듣는 그런 하루. 수영장 안에서 시원한 커피나 와인 한잔 함께하면 금상첨화다. '영혼의 안식처'란 바로 이런 게 아닐까 하고 느끼게 된다.

객실 안의 샤워실은 습식사우나 기능을 탑재하고 있다. 버튼 하나를 누르면 샤워실 내부로 스팀이 퍼져 나온다. 쉽게 말해 객실 안에 사우나가 있는 셈이다. 릴렉스에 대한 반얀트리의 지독한 고집이 만들어낸 결과다. 그 덕에 정신없이 호텔 곳곳을 돌아다니지 않고 객실 안에서만 푹 쉬어도 충분히 행복한 하루가 완성된다. 객실이 이 정도인데 이들이 보유한 스파 시설과 야외 수영장은 어떻겠는가.

반얀트리의 릴렉스에 대한 집착은 여기서 끝나지 않는다. 그들은 휴식을 위해 더욱 과감한 시도를 했다. 지금의 반얀트리 서울은 20세기 한국의 현대건축을 대표하는 건축가 김수근이 지은 건축물이다. 반얀트리가 생기기 전 이곳에는 '타워호텔'이 자리하고 있었는데, 이 호텔은 지금으로 치면 손꼽히는 '웨딩 맛집'이었다. 기록에 따르면 1년에 400쌍 넘는 커플을 탄생시킨 전설의 결혼식장이자 전망 좋은 곳으로 1970~80년대의 핫플레이스였다. 타워호텔은 객실이 218개였으나 반얀트리는 이 객실 수를 50개로 대폭 줄였다.

객실 수는 호텔 매출에 큰 영향을 미치기에 객실 수를 줄인다는 것은 매우 도전적인 행동이다. 그러나 반얀트리의 선택에는 아주 직관적인 이유가 있었다. 1인당 사용할 수 있는 공간의 면적이 좁

1 반얀트리 서울의 객실 릴렉세이션 풀   2 창밖으로 보이는 남산타워와 인센스
3 샤워실이자 습식사우나   4 서울에서 가장 큰 호텔 수영장

으면 사람들은 답답함을 느낀다. 출퇴근 시간의 지옥철을 생각해 보면 된다. 반대로 1인당 사용할 수 있는 면적이 커질수록 사람들은 여유로움을 느낀다. 반얀트리는 '영혼의 안식처'를 위해 1층에는 최대 두 개의 객실만 만들어 객실의 면적을 넓히는 방향을 선택했다. 다시 말해 호텔의 면적 대비 인구밀도가 낮아지기에 휴식과 안정을 취하는 분위기가 자연스럽게 형성되는 것이다.

정리하면, 반얀트리는 강력한 브랜드 파워를 갖추고자 했다. 푸껫에서 다 죽어가는 땅과 바다를 살려낸 열정을 시작으로, '진정한 영혼의 휴식이 있는 안식처'를 만들겠다는 신념 아래 모든 것을 기획했다. 호권핑 회장은 '와우!'라는 소리가 절로 나올 만한 부지 선정과 휴식과 안정을 만끽할 수 있는 해변을 찾기 위해 1,000여 곳의 해변을 돌아다닐 정도였다. 부지뿐만이 아니라 공간 기획부터 그 안에서 휴식과 안정, 즉 릴렉스를 경험할 수 있는 프로그램까지 모두 일관성 있게 디자인했다.

이곳을 찾아온 사람들은 체크인을 하는 순간부터 집으로 돌아가는 마지막까지 200%의 휴식을 경험한다. 어디서도 경험할 수 없는 이들의 신념을 고스란히 느낄 수 있다. 그것이 이곳에 한 번 온 사람들이 다시 또 오고 싶어 하는 이유이지 않을까 싶다. 자신들만의 신념이 확고하다 보니 여기에 공감하는 사람들은 단순 고객을 넘어 반얀트리의 '팬'이 된다. 마치 사람을 만날 때도 마음이 맞는 사람에게 더 호감이 가고 신뢰가 생기는 것처럼 말이다. 반얀트리의 확고한 신념이 결국 메이킹 머니의 본질적인 비결이 아니었을까 싶다.

당신은 왜 그 일을 하는가

반얀트리의 예를 통해 '신념'이 막강한 브랜드 파워를 만드는 데에 얼마나 중요한 요소인지 알 수 있었다. 그렇다면 신념은 어떻게 만드는 것일까? 그건 바로 내가 그 일을 하는 이유에서부터 출발한다. 테드TED에서 손꼽히는 명강연 중 하나가 사이먼 시넥 Simon Sinek의 'Start with Why'라는 제목의 강연이다. 유튜브에서 검색해도 바로 나오니 꼭 한번 찾아보기 바란다. 우린 모든 일을 시작하기에 앞서 '이유'부터 찾아야 한다.

직관적인 이해를 돕기 위해 나의 인스타그램 계정(@hotel_maker_ checkin)을 예로 들면 좋을 것 같다. 나는 호텔을 세우겠다는 꿈을 이루기 위해 세계 곳곳의 호텔을 직접 돌아다닌다. 태어나 단 한 번도 불가능해 보이는 꿈을 향해 도전해본 적이 없었다. 그래서 더더욱 이번만큼은 꼭 이뤄보고 싶다. 그 꿈이 하필 호텔인 이유는 문을 열고 들어서는 순간 그 누구의 방해를 받지 않고 온갖 잡념을 잊은 채 행복한 시간을 보낼 수 있는 유일한 상업 공간이라고 생각했기 때문이다.

그러나 호텔 관련 전공자도 아니고, 호텔업 종사자도 아닌 나는 호텔에 관해 아는 게 없었다. 그래서 직접 가서 경험해보고 어떤 배울 점이 있는지, 아쉬운 점은 무엇인지를 기록하기 시작했다. 그런데 만약 내가 그저 '호텔을 좋아해서 호텔을 리뷰합니다'라고 했다면 어땠을까? 그저 수많은 공간 리뷰 계정 중 하나에 지나지 않았을 것이다. 계정을 운영하는 본질적인 이유를 가지고 있지 않으면 '해도 그만 안 해도 그만'인 상태가 곧 찾아온다. 그런 와중에 성과가 나지 않으면 금세 지쳐 포기하게 된다.

그런데 호텔을 세우기 위해 호텔을 다니게 되자 비가 오나 눈이 오나 계속해서 걸어 나갈 힘이 생겼다. 지속성이 생긴 것이다. 게다가 이런 과정을 좋게 봐주는 사람들이 주변에 하나둘씩 생겨나기 시작하고, 또 다른 기회들로 연결되었다. 실제로 스테이를 지으면서 마케팅 협업을 하기도 하고, 출간을 하기도 하고, 마음 맞는 팀을 만나 호텔을 세우겠다는 목표를 향해 가기 위해 모듈러 호텔* 브랜드(아우토프)를 법인으로 함께 만들기도 했다. 이 모든 게 인스타 계정을 운영하는 'why'를 명확히 밝히고 난 후 벌어진 일들이다. 모듈러 호텔 브랜드를 만들 때도 why에서부터 출발했다. 이 이야기를 들으면 브랜드를 만들거나, 내가 무언가 하려고 할 때 why가 왜 중요한지 조금 더 와닿을 것이다.

이런 마음가짐을 가지고 호텔을 드나들다 보니 '호캉스'의 아이러니가 눈에 보이기 시작했다. 다들 오히려 호텔에 가서 더욱 바쁜 하루를 보낸 경험이 있을 것이다. 수영장 갔다가 라운지에서 해피아워 즐기다가 평소 일어나지도 않던 시간에 일어나 평소 잘 챙겨 먹지도 않던 조식을 거하게 먹는다. 그러다 보니 오히려 더 피곤해진다. 오죽하면 사람들이 체크아웃 하면서 '잘 놀았다. 이제 집에가서 쉬자'라고 이야기하겠는가. 참고로 나는 체크아웃 하고 로비나 라운지에 조금 더 앉아 있으면서 사람들이 무슨 이야기를 하는지 들어보는 편인데 그때 실제로 들었던 이야기다. 이런 이유로 쉬러 가는 곳에서 정작 쉬고 오지 못하는 아이러니가 발생한다.

- **모듈러 호텔** 레고 블록처럼 옆으로 붙이든 위로 쌓든 쉽고 빠르게 확장과 변형 등의 건축이 가능한 호텔

소위 '본전 뽑겠다'는 마음이기에 최대한 많은 것을 이용하려는 마음은 충분히 공감한다. 호텔의 경우 천문학적인 건축비용과 고정비용이 들어가기에 서비스 이용료 또한 높아질 수밖에 없다. 게다가 수직적인 구조의 부대시설과 객실이 있기에 건물 안에서 모든 것을 해결한다는 장점이 있지만 마음의 여유는 없다. 이를 수평적으로 다 뿔뿔이 흩어놓으면 바깥으로 나와 천천히 햇빛을 쬐며 걷게 되었을 때 차원이 다른 여유를 느낄 수 있다. 해외여행을 갔을 때 보았던 넓은 부지에 올라가 있는 호텔과 리조트를 떠올리면 이해가 빠를 것이다.

그래서 조금 더 쉼에 집중할 수는 방법은 없을지 고민했다. 스마트폰과 인터넷을 내려놓고 잠시라도 '고립'을 경험했을 때 비로소 마음에 평안이 찾아오고 나 자신을 돌아볼 여유가 생겼다. 실제로 나는 콘크리트 숲에서 도망쳐 나와 자연 속에 고립되었을 때 오히려 더 행복해진다고 생각한다. 이런 why들로 인해 '황홀한 고립이야말로 우릴 행복하게 만듭니다'라는 신념이 생겼고, 그렇게 모듈러 호텔 브랜드 '아우토프'가 태어났다.

아우토프는 'out of'를 붙인 단어다. 아우토프는 황홀한 고립을 만들기 위해 화려한 디자인보다는 시각적으로 평안함을 주는 단순한 디자인out of stress, 그리고 도심이 아닌 아름다운 자연이 있는 외곽 지역out of city, 정형화된 루틴을 깨려는 시도out of routine, 이 세 가지를 고집한다.

겉으로 드러나는 것은 따라 할 수 있다. 하지만 신념은 쉽게 따라 할 수 없다. 신념은 누적된 경험에서 만들어지기 때문이다. 살아온 환경이 저마다 다르기에 쌓인 경험 또한 다를 수밖에 없다. 고유한 결핍을 느꼈을 수도 있고, 독특한 경험을 했을 수도 있다. 그렇기에 신념은 '나만의 고유한' 무기가 된다.

이제 자신이 가진 신념을 증명하기 위해 그에 걸맞는 행동을 일관성 있게 해나가는 게 필요하다. 그런 일관된 행동을 꾸준하게 하다 보면 사람들이 '독특하다'고 생각하는 시점이 찾아온다. '개성 있다'며 관심을 갖기 시작하는 것이다. 여기서 더 꾸준히 앞으로 걸어나가면 사람들은 이제 당신을 응원하게 된다. 관찰자 혹은 소비자에서 '팬'으로 바뀌는 순간이다. 마음이 움직이기 시작한다는 뜻이다. 이처럼 신념은 강력한 힘을 가지고 있다.

물론 어떤 일을 하든 나와 비슷한 일을 하는 사람이나 비즈니스는 늘 존재한다. 그러나 모두가 똑같은 이유에서 출발하진 않았다. 저마다의 why가 존재한다. 그렇기에 동종업계에 있더라도 각기 다른 그림이 펼쳐진다. 누구도 따라 할 수 없는 나만의 것을 하고 싶은가? 그렇다면 '신념'이 반드시 필요하다. 그 신념은 내가 그 일을 하는 이유, why에서 출발한다. 그리고 그 why는 대체로 '내가 부족하다고 느끼는 것'에서 나온다. 즉, 신념은 곧 내가 가진 결핍에서 시작한다.

반얀트리 호권핑 회장 역시 두 번의 사업 실패로 본인만의 결핍을 깨달았다. 그것은 바로 '특출난 기술과 강력한 브랜드가 없다'는 것이었다. 그는 곧 브랜드 파워에 집중하기 시작했다. 다시 말해 나만의 신념은 '내가 그 일을 하는 이유'에서 찾을 수 있으며, 그 '이유'는 나의 '결핍'에서 출발한다. 그래서 다시 한번 스스로에게 물어봐야 한다. '**나는 지금 이 일을 왜 하고 있는가?**' 반얀트리에서 찾아낸 메이킹 머니 시스템의 힌트다. 결국엔 목적지 없는 빠른 속도가 아니라 올바른 방향과 꾸준함이 살아남는다.

Making Money Ideas

★ 잠시 책 읽기를 멈춰보자. 내가 하는 일, 하고자 하는 일이 있다면 그걸 '왜' 하려 하는지 생각해보자.

★ 순서는 '나는 어떤 결핍이 있었지?'에서부터 출발하면 된다. 쉽지 않겠지만 최대한 내 기억의 끝자락까지 타고 내려가야 한다. 맥주 한 캔 들이키면서 하면 더 좋다.

★ 이유가 떠오른다면 이제 한 줄로 요약하는 시간을 가져보자.

★ 여전히 어렵다면 내가 추종하는 인플루언서, 유튜버들의 초창기 콘텐츠를 보라. 거기에는 보통 '내가 이 활동을 하는 이유'에 대한 스토리가 담겨 있다. 거기서 힌트를 얻을 수 있다. 브랜드도 마찬가지다.

심각한 예약 전쟁이 벌어지는 유스호스텔의 비밀

직장 생활을 최소 3년 이상 하신 분들은 '시간이 지날수록 회사가 예전 같지 않다'라는 말에 공감할 것이다. 처음 입사했을 때의 회사 모습과 방향성이 과연 지금과 같은가? 사뭇 달랐을 것이다. 수많은 사람들이 입사와 퇴사를 거치며 구성원과 분위기도 달라졌고, 사회 정세와 기타 여러 변수로 인해 회사의 방향성이 조금씩 달라졌다. 사람도 세월이 흐르면 생각과 가치관이 조금씩 달라지듯, 회사라는 조직 또한 마찬가지다. 하나의 유기체와 같아서 계속 변화하는 게 당연할지도 모른다. 어쩌면 생존하기 위해 현시대 상황에 발맞춰 변화하는 것은 아닐까.

보통 변화를 시도할 때 여러 가지 문제들이 발생한다. '굳이 왜 일을 벌여. 이대로 그냥 가자'라며 안정을 추구하는 사람이 있을 테고, '그래, 지금은 바뀌어야 할 때야'라며 적극적으로 움직이는 혁신적인 사람도 있을 것이다. 잦은 의견 충돌이 예상될 수밖에 없다. 가장 대표적인 토론 주제가 '변화하게 된다면 기존의 모습들을 싹 다 없애야 할지, 아니면 계승하되 새롭게 보여줄 것인지'이다. 직장인뿐만 아니라 자기 사업을 하는 분들 역시 이와 같은 고민을 하게 된다.

처음엔 A라고 생각해 사업을 시작했는데 시간이 지날수록 세상도 달라진다. 그래서 이에 맞게 대응하다 보면 A에서 B 방향으로 가야 할 때도 있다. 혹은 처음엔 작게 시작했는데 점점 몸집이 커지고, 고객군도 덩달아 넓어지는 타이밍이 온다.

이를테면 건강을 중요시하는 사람이 운영하는 과일가게가 있다고 가정해보자. 그는 처음엔 유기농 사과만 다뤘다. 어쩌다 입소문이 나고 유명해지면서 사과뿐 아니라 다른 유기농 과일까지 취급하게 되었다. 고객들이 더 많은 것을 요구하기 시작하면서 가게의 몸집이 점점 커져간다. 가게 규모를 이 정도에서 멈출 수는 없다. 지금 타이밍은 '사과 장수'에서 '유기농 건강 과일'을 판매하는 가게로 영역을 넓혀나가야 할 때다. '건강을 중요시하는' 마음은 여전한데 고객들의 범위가 달라졌으니 운영하는 가게 또한 그에 걸맞는 콘셉트를 보여줄 필요가 있다. 이를 멋진 말로 '리브랜딩rebranding' 이라고 한다. 브랜드를 다시 한번 정의하고 정리하는 것이다.

조금 더 구체적으로 설명하면, 기존의 브랜드를 현시대의 흐름에 맞게 변화시키거나 혹은 사업체가 커져 그에 상응하는 모습으로 만들어 고객에게 새롭게 인식시키는 것이다. 그래서 단순히 로고나 인테리어 등 눈에 보이는 것들만 바꾼다고 해결되는 문제가 아니다. 바뀐 모습을 고객에게 어떻게 전달할 것인지, 고객이 우리 브랜드를 경험할 때 어떤 것을 중점적으로 느끼게 할 것인지 등 그야말로 고객이 새롭게 인식할 수 있도록 바꾸는 것이다.

앞서 유기농 사과에서 '유기농 건강 과일'을 다루는 브랜드로 새롭게 인식시키는 것처럼 말이다. 그렇다고 갑자기 확 달라지면 '초심을 잃었다'는 말을 듣거나 '어? 내가 알던 예전의 모습이 아닌데?'라며 고객이 등을 돌릴 수 있다. 그래서 실제로 리브랜딩을 잘못해 주저앉은 개인이나 기업도 상당하다. 대표적인 사례가 미국의 오렌지주스 회사인 트로피카나다. 기존의 올드한 이미지를 탈피하기 위해 무려 400억 원이나 들여 대대적인 리브랜딩을 시도했다. 완전히 새로운 트로피카나가 탄생한 것이다. 결과는 어땠을까? 변경 후 2개월간 판매량이 20% 급감하며 기존 고객들이 등을 돌리기 시작했다. 결국 다시 원래의 모습으로 복귀했다. 트로피카나의 '직접 짜먹는 듯한 신선한 주스'라는 본질을 놓치고 눈에 보이는 것에만 집중한 나머지 이런 일을 초래했다고 전문가들은 입을 모은다.

리브랜딩의 핵심은 브랜드의 본질은 유지하되 더 개선된 모습을 보여주는 것이다. 예로 든 유기농 사과 가게의 본질은 '건강함'이다. 그렇기에 그냥 사과가 아닌 유기농 사과를 취급한 것이다. 점차 고객의 수가 늘어나고 취급하는 유기농 과일의 품목이 늘어나면 이제 단순한 사과 가게가 아니라 이 가게의 본질인 '건강함'을 내세워 '건강한 유기농 과일을 파는 브랜드'로 영역을 넓혀 브랜드를 새롭게 정의하게 된다. 본질은 유지하되 개선된 모습을 보여준다는 것은 바로 이런 경우를 뜻한다.

굳이 리브랜딩을 해야 하는 이유

'아니, 잘되고 있는 브랜드 그냥 두지 왜 사서 고생이야. 난 그냥

놔둘래'라고 말할 수도 있다. 혹은 '괜히 바꿨다가 오히려 지금보다 나빠지면 어떡해'라고 말할 수도 있다. 그러나 리브랜딩을 하는 데에는 그만한 이유가 있다. 보통 우리가 브랜드를 한번 만들면 그래도 최소 2~3년은 바라보고 움직인다. 물론 5년 정도 내다보고 브랜드를 이끌어갈 각오로 도전한다. 그러나 2~3년이 지나면 그새 수많은 경쟁 브랜드가 생겨날 테고, 계속해서 브랜드의 같은 모습만 보여주면 고객들은 슬슬 흥미를 잃고 떠나간다. 그럼 어떻게 될까? 매출이 떨어지기 시작한다. 가만히 있으면 배는 언젠가 가라앉는다.

브랜드화한다는 것은 결국 사업을 한다는 말과 같은데, 사업에서 메이킹 머니를 하지 못하면 그 일을 계속 이어갈 수 있을까? 불가능하다. 그래서 브랜드는 존재의 본질을 유지하는 선에서 살아 있는 생명체처럼 유기적으로 변화를 꾀해야 한다. 기존 고객들을 계속 붙잡아두며 신규 고객들을 더 많이 불러올 수 있게 말이다. 그렇게 사업을 꾸준히 이끌어가는 게 중요하며 이것을 '지속성'이라고 이야기한다.

우리가 리브랜딩을 하는 궁극적인 이유는 사업의 수명을 더 늘리기 위해서이기도 하고 꾸준히 브랜드를 운영하기 위해서이기도 하다. 게다가 고객들에게 변화하는 모습을 보여줌으로써 신선함을 자극해 지속적으로 떠나지 못하게 하기 위한 것도 있다. 그래서 리브랜딩이 중요하다. 구글에 들어가 '구글의 변화', '삼성의 변화'라고 검색해보자. 혹은 자신이 좋아하는 최소 10년 이상 된 브랜드를 검색해도 좋다. 그리고 10년 전 그 브랜드의 모습과 지금의 모습을 비교해보자. 겉으로 드러나는 이미지뿐만 아니라 내가 기억하는 그 브랜드의 경험까지 생각해보자. 변화했지만 그들의 본질은 흔들리지 않았다. 그 덕에 오늘날까지 살아남은 것이다.

그렇다면 리브랜딩을 어떻게 해야 잘할 수 있을까? 나의 브랜드 혹은 내가 소속되어 있는 회사가 변화를 도모하고 있다면 '이곳' 이 정말 큰 힌트를 줄 것이다. 이곳으로 말하자면 산속 깊은 곳에 터를 잡은 유스호스텔이다. 지금 당신이 떠올리는 공간, 학창 시절 방 하나에 수십 명씩 들어갔던 그 유스호스텔 맞다. 밤에 레크리에이션이 끝난 뒤 촛불 하나씩 들고 이야기를 나누며 친구들과 눈물을 뚝뚝 흘리던 그 유스호스텔.

이곳은 대대적인 리브랜딩을 거친 뒤 평일, 주말 가릴 것 없이 예약하기가 하늘의 별 따기인 곳이 되었다. 어떤 변화를 주었길래 이렇게 인기일까? 메이킹 머니 시스템을 찾으러 충북 제천에 위치한 핫플레이스 '월악산유스호스텔로' 함께 떠나보자.

하늘의 별 따기가 된 객실 예약

유스호스텔은 청소년이 자연에 친숙해지고 건전한 야외활동을 할 수 있도록 만든 비영리 숙박시설이며, 자연과의 사귐을 촉진하는 곳이다. 세상은 빠르게 바뀌어갔지만 월악산유스호스텔은 늘 그대로였다.

어느 날 코로나19가 들이닥치면서 국내 여행 수요가 급증했고, 도시에서 탈출해 자연과 가까이하는 아웃도어 활동에 사람들의 관심이 쏠리기 시작했다. 월악산유스호스텔은 '그래, 지금이야말로 바뀌어야 할 때다!'라며 새 단장을 결심했다. 그렇게 2021년, 월악산유스호스텔은 색다른 모습으로 다시 문을 활짝 열었다.

지금이야 예약 전쟁이 펼쳐지는 인기 숙소가 되었지만 이들 또한 고민이 많았다. 현시대에 어울리지 않을 법한 과거의 흔적들을 싹 다 지워버릴지, 아니면 켜켜이 쌓아온 발자취와 새로운 것의 조화를 이뤄야 할지, 쉽지 않은 선택을 해야 했다. 그러나 가만히 생각해보면 바뀌지 않는 분명한 게 있었다. 그건 바로 '본질'이다. 다시 말해 이 공간이 존재하는 이유 말이다. 이들이 생각하는 본질은 무엇이었을까? 총 세 가지로 정리할 수 있다.

첫째, 공간의 본질을 그대로 이어간다

호텔은 지극히 사적인 공간이다. 조식당, 라운지, 수영장 같은 공용 공간 외엔 온전한 쉼을 위해 타인과의 접촉을 최소화한다. 요즘엔 식음업장 또한 점점 프라이빗하게 공간이 만들어지기도 한다. 그러나 월악산유스호스텔은 다르다. 보통의 유스호스텔 역시 하루 종일 누군가와 함께 시간을 보낸다. 입실부터 야외활동과 레크리에이션, 잠드는 그 순간까지 유스호스텔은 기본적으로 '함께 추억을 쌓는' 공간이다. 월악산유스호스텔은 이 본질을 그대로 이어간다.

지하 1층엔 80명 가량 단체 수용이 가능한 세미나룸을 만들었다. 그리고 그 옆에 최대 10명 정도 모일 수 있는 라운지가 있다. 일반 호텔에선 흔히 볼 수 없는 독특한 공간이다. 투숙객이라면 무료로 이용할 수 있고 2시간 단위로 예약할 수 있다. 함께 온 사람과 보드게임을 할 수 있게 준비되어 있으며, 커다란 화면으로 영화를 보거나 아침엔 요가를 할 수 있게 세팅되어 있다. 함께 추억 쌓기에 좋은 공간인 셈이다.

객실 층의 복도에는 모든 투숙객이 함께 사용할 수 있는 공용 주방이 있다. 큰 냉장고부터 전자레인지와 여러 명이 함께 앉을 수 있는 테이블 등이 준비되어 있다. 다른 투숙객과 자연스럽게 마

월악산유스호스텔 야외 수영장

주할 수밖에 없다. 평소 일터에서 사람들과 부대끼는 일이 그리 유쾌한 경험은 아니지만, 이날 하루만큼은 행복한 시간을 보내러 온 동료처럼 느껴진다. 괜히 더 친절해지고 관대해지는 자신을 발견할 수 있다.

이곳의 절정은 사실 따로 있다. 나도 모르게 '좋다'라는 말이 튀어 나오는 월악산을 마주하며 충주호 절경을 내려다볼 수 있는 야외 수영장이 핵심이다. 리브랜딩을 하기 전인 1999년에도 존재하던 수영장이다. 예전의 모습을 최대한 유지한 채 색감만 한 스푼 더 입혔다. 마치 화가 데이비드 호크니의 그림 속에 들어온 듯하다. 객실이 열 개도 채 안 되는 이곳에선 어디를 가든 투숙객과 마주 하게 되어 결국엔 누가 누구인지 알 수 있을 정도인데, 수영장에 서도 마찬가지다. 결국 모두가 이곳에 모인다. 자주 마주치다 보 니 내적 친밀감이 형성된다.

사람뿐만 아니라 반려동물과도 함께한다. 반려동물 친화적인 객 실이 하나 있다. 반려동물의 관절에 무리가 가지 않도록 공간 안 의 턱을 최대한 낮추고, 밖에서 신나게 뛰어논 뒤 객실로 돌아와 편하게 씻길 수 있도록 화장실과 욕실 공간도 넓게 설계했다.

지금까지는 월악산유스호스텔의 공간에 한정해 어떻게 변화를 주었는지 이야기했다. 그러나 '자꾸 생각 나는 곳'이 되기 위해서는 공간 자체도 출중해야 하지만 공간 안에서의 경험 또한 좋아야 한다. 이곳이 인기 있는 공간이 될 수 있었던 이유는 '경험'에 있다고 봐도 과언이 아니다. 그렇다면 과거 유스호스텔에서의 어떤 경험을 가지고 와 현대식으로 바꿨을까?

둘째, 공간 본연의 기능에서 흥미로운 경험을 발견하다

유스호스텔은 앞서 '자연과의 사귐을 촉진하는 곳'이라고 말한 바 있다. 유스호스텔의 기능 중 하나인 '야외 활동'과 '함께'하는 행위, 자연스럽게 자연에 스며드는 일, 이 모든 것을 총망라하는 게 바로 아웃도어다. 그렇기에 월악산유스호스텔에서 '아웃도어 라이프'는 사람으로 치면 몸의 척추와도 같다. 이들은 브랜드를 다시 설계할 때 고객에게 우리를 가장 잘 느낄 수 있게 하는 방법은 '아웃도어'에 있다고 생각했다.

숙소 건물 뒤에는 널찍한 마당이 하나 있는데 이 공간을 적극 활용했다. 여기서 캠핑도 하고 바비큐도 즐길 수 있다. 뿐만 아니라 충주호를 바라보며 소풍을 즐길 수 있도록 피크닉 바구니를 제공하기도 하고, 생각을 비울 수 있는 '불멍' 패키지를 제공하기도 한다. 캠핑 분위기는 내고 싶은데 장비와 경험이 없어 섣불리 도전하지 못하는 캠핑 초보자들을 위한 '캐주얼 캠프' 프로그램과 다른 투숙객들과 다 같이 자연 속에서 영화를 보며 시간을 보내는 '무비나잇' 등 다양한 액티비티 프로그램을 운영하고 있다.

객실 안에만 머무는 게 아니라 바깥으로 나와 월악산의 아름다운 자연과 함께 시간을 보낼 수 있는 아웃도어 프로그램을 준비해둔 것이다. 매일 회색빛 콘크리트 숲에서 시간을 보내는 현대인들에게 자연과 가까이하는 아웃도어 경험은 매우 소중하다. 월악산유스호스텔은 '함께'에 이어 '자연'과 '아웃도어'까지 유스호스텔의 본질을 그대로 계승하되 현시대에 맞게 변화를 주고 있다는 것을 확인할 수 있다.

셋째, 미소가 절로 나와 잊을 수 없게 만드는 디테일

이곳을 잊을 수 없게 만드는 재미있는 요소가 하나 더 있다. 월악산유스호스텔도 결국은 숙박업이다. 앞서 공간을 어떻게 바꾸고, 어떤 경험을 주고자 했는지 '브랜드'의 관점에서 이야기했다. 그러나 아무리 열심히 브랜드에 대해 이야기해도 정작 숙박업의 본질 중 하나인 '환대'와 '편의'가 해결되지 않으면 헛것이다. 이들은 자신들만의 방식으로 환대와 편의를 만들어가는데 그건 바로 '고객을 미소 짓게 하는 디테일'에 있다.

우선 직원들의 푸근함이다. 월악산유스호스텔이 리뉴얼하기 전부터 근무했던 지배인은 현재까지도 현장을 책임지고 있다. 약 10년 정도 이곳에서 근무한 그는 마치 옆집에 사는 유쾌한 삼촌처럼 친근하고 푸근하게 우리를 맞이한다. '환영합니다'라는 말 대신 "어우, 일찍 오셨네요, 빨리 객실 찾아드릴게요"라며 인간미가 느껴지는 인사를 건넨다.

실제로 내가 두 번째 투숙을 할 때 야외 수영장 이용 시 수영장 근처 탈의실을 써야하는지, 객실에서 수영복을 입고가야 하는지 물었을 때도 인상 깊은 답변을 들었다. 그는 "둘 다 상관없어요. 이곳에서만큼은 자유로운 영혼이 되세요, 허허!"라고 말해 서로 유쾌하게 웃었다. 그 덕에 마음이 훨씬 편안해지면서 이 브랜드에 대한 여운이 짙어졌다. 실제로 후기를 살펴보면 '직원분이 너무 따뜻하게 반겨줘서 좋았어요', '직원분의 멘트 때문에 기분이 좋았어요'라는 이야기가 많다. 매뉴얼에만 따르는 게 아닌 진심에서 나오는 환대가 나를 비롯한 여러 사람들의 입가에 미소를 짓게 만든다.

객실 키를 건네받으면 또다시 미소가 지어진다. 보통 객실 카드 키에는 객실 번호와 와이파이 비밀번호가 적혀 있다. 보통은 정체불명의 긴 영문과 숫자의 조합이다. 그러나 이곳은 비밀번호마저 남다르다. 'getsomerest'나 'ilovepizza'라는 식이다 (월악산유

월악산유스호스텔만의 디테일이 엿보이는 와이파이 비밀번호와(위) 인근 맛집 리스트(아래)

스호스텔은 수영장에서 피자를 먹을 수 있다). 이런 작은 디테일이 고객을 미소 짓게 만든다.

월악산유스호스텔은 주변에 자연 말곤 아무것도 없다. 편의점도 7km를 가야 있을 정도다. 그래서 고객이 주변의 맛집이나 가볼 만한 명소들을 쉽게 찾을 수 있도록 정리한 정보를 프런트 데스크와 객실 안에 비치해두었다. 어쩌면 사소한 것일 수도 있다. 하지만 고객을 미소 짓게 만드는 이들의 섬세한 배려야 말로 숙박업의 본질인 '환대'이지 않을까. 거기에 '편의성'은 덤이다.

뿌리 깊은 나무는 흔들리지 않는다

'계속 변화를 주고 싶은데 괜히 바꿨다가 고객들이 다 떠나가면 어쩌죠?' 이런 걱정을 하는 분들이 꽤 많다. 하지만 이것만큼은 잊지 않았으면 좋겠다. '변하지만 변하지 않는 것이 있다'는 사실. 사람도 마찬가지다. 우리가 갓 태어났을 때와 지금의 나는 분명 다르다. 그러나 나라는 존재 자체는 변하지 않는다.

더 쉽게 말해 포르쉐의 자동차 디자인을 보면 알 수 있다. 이들은 분명 시대에 맞게 디자인에 변화를 준다. 그러나 그간의 포르쉐 디자인을 한눈에 살펴보면 크게 변하지 않았다. 구글에 '포르쉐 디자인 변화'라고 검색해보면 바로 확인할 수 있다. 디자인에 대한 포르쉐의 철학이 바뀌지 않고 그대로 유지되었기 때문이다. 다만 기술이 발전하고, 시대가 변화하는 속도에 발맞춰 눈에 보이는 것을 달리했을 뿐이다. 오히려 현시대에 맞게 변화를 주지 않았다면 아마 도태되었을 것이다.

변하지만 변하지 않기 위해 우리가 깊이 있게 생각해야 하는 게 바로 '본질'이다. 다시 말해 궁극적인 핵심 가치가 무엇인지 정의하고 이를 고객에게 전달하는 것이다. 월악산유스호스텔의 경우에는 그저 '자연 속 온전한 쉼'을 지속적으로 이야기했을 뿐이다. 이 핵심 가치를 위해 공간을 새롭게 정비하고, 아웃도어 액티비티 프로그램도 개발했다. 1999년의 모습과 지금의 모습은 많이 달라졌지만 그때나 지금이나 이들이 추구하는 핵심 가치는 변함이 없다.

월악산유스호스텔은 자신들의 핵심 가치를 고객들이 숙소에 오기 전부터 경험할 수 있도록 인스타그램에 정리해두었다. 이들은 유료 광고를 하지 않고 순전히 인스타그램 콘텐츠만으로 1년에 2만 명 넘는 팔로워를 모았다. 아마 회사나 기업 공식 인스타그램을 한번이라도 운영해본 사람은 이게 얼마나 대단한 일인지 알 것이다. 보통의 공식 인스타그램은 '고리타분하다'라는 인식이 깔려 있기 때문이다. 그런 환경에서 팔로워 수를 늘려야 하니 여간 머리 아픈 일이 아니다.

그러나 이들은 자신들의 핵심 가치에 맞춰 모든 콘텐츠를 기획했다. 인스타그램에 올라온 사진만 보더라도 자연 속에서 편안하게 쉬고 있는 모습, 자연 속에서 캠핑을 하거나 수상 액티비티를 즐기는 모습뿐이다. 이것만 보더라도 우리는 이곳이 어떤 곳인지 직감할 수 있다.

보통 더 많은 팬을 확보하고 자신의 제품이나 서비스 혹은 공간을 홍보하기 위해 인플루언서에게 협찬하곤 한다. 이때 팔로워 수가 많으면 그만큼 더 홍보 효과가 클 것이라 생각해 팔로워 수가 많은 인플루언서에게 접근하는 경우가 있다. 그래서 자신의 브랜드 '결'과 인플루언서의 '색'이 조화롭지 않음에도 불구하고 협찬을 강행하기도 한다. 물론 초반에는 이슈가 있을 수 있으나 그 효과는 매우 단편적이다. 그러다 보면 계속 협찬을 진행해야 하고, 그럴 때마다 비용 지출이 생긴다. 그렇다면 월악산유스호스텔은 어떻게 했을까?

이들은 역시나 '핵심 가치'에만 집중한다. '월악산유스호스텔이

생각하는 라이프 스타일처럼 살고 있는 사람들은 누가 있을까?'
라는 질문을 스스로에게 던지고, 그와 가장 부합하는 사람들을
찾아 나섰다.

숫자는 중요하지 않다. 진심으로 자연을 사랑하고 아웃도어 라이
프를 향유하는 사람들이 월악산유스호스텔을 진정으로 즐기는
모습을 보여주면, 그들과 비슷한 관심사를 가진 사람들 또한 자
연스럽게 이곳을 경험하고 싶어 할 것이라는 가설을 세우고 '크
루crew'를 모집하기 시작했다. 팔로워 숫자는 중요하지 않다. 아웃
도어 라이프를 '찐'으로 좋아하는 사람들이면 충분하다. 그랬더
니 어떤 사람들이 모였을까?

큼직한 SUV 자동차 위에 카누를 두 대씩 매달고 여행을 다니는
찐 아웃도어 러버, 차에 트레일러를 연결해 매주 어디론가 떠나
는 사람, 자전거에 모든 캠핑 장비를 싣고 전국 투어를 하는 사람
등 아웃도어에 진심인 사람들이 크루로 모였다. 그리고 이들이
월악산유스호스텔에서 각자만의 방식으로 아웃도어 라이프를
즐기는 모습을 인스타그램을 통해 사람들에게 보여주었다. 소위
말해 팔로워 숫자가 낮더라도 '찐'들을 모으니 아웃도어 고관여
자들이 이를 보게 되고 월악산유스호스텔로 하나둘씩 모이기 시
작했다.

그리고 그들이 올린 콘텐츠를 본 아웃도어 초보자 혹은 저관여
자들도 '나도 해보고 싶은데?'라며 흥미를 갖기 시작했다. 그렇게
인스타그램으로 광고 하나 없이 매달 예약이 찼고, 더 놀라운 것
은 평일, 주말 가리지 않고 예약이 가득 찬다는 것이다.

지금까지 이야기한 월악산유스호스텔의 메이킹 머니 시스템을
종합해보자. 이들은 새롭게 리뉴얼해야 하는 상황에서 과거의 흔
적을 싹 지우고 완전히 새로운 모습으로 탈바꿈하지 않았다. 이
들은 오히려 자신들의 '핵심 가치'에 집중했다. '함께', '자연에서
쉼', '미소' 이 세 가지를 바탕으로 공간부터 액티비티, 그리고 운
영 디테일까지 모두 잡았다. 심지어 소셜 미디어 마케팅에도 적
극 활용했다. 오직 '중요한 단 하나'에 집중한 결과 예약 대기자가
밀려 있는 상황까지 오게 되었다.

나 자신이나 공간 혹은 사업을 브랜딩해 가치를 높이고 싶다면 깊
이 있게 안으로 파고들어야 한다. 이 말은 내가 하고자 하는 일의
진짜 핵심 가치가 무엇인지 찾아내야 한다는 의미다. 이를 위해
브랜드의 존재 이유부터, 왜 만들게 되었고, 나는 이 팀에 왜 합류
하게 되었는지 등을 곱씹는 시간도 필요하다. 그렇게 해서 '핵심
가치'를 발견했다면 이를 최소 2개월 정도는 밀고 나가보자.

그 과정에서 즉각적으로 반응이 안 나올 수도 있고 성장 속도가 더딜 수도 있다. 고통스러울 수도 있으며 흔들릴 수도 있다. 그러나 반짝하고 사라지는 게 아니라 오랫동안 사랑받으며 지속적인 메이킹 머니를 가능하게 하려면 이 과정은 반드시 필요하다. 한 가지 분명한 핵심 가치만 유지한다면 고객은 오히려 변화한 모습에 더욱 열광할 것이다. 이 내용들이 내가 월악산유스호스텔을 두 번 투숙하며 얻은 힌트다.

Making Money Ideas

★ 나의 핵심 가치 혹은 내가 운영 중인 브랜드의 핵심 가치는 무엇인가?
종이에 생각나는 대로 적어보자.

★ 생각나지 않는다면 내가 그 일을 왜 하려 했었는지, 어떤 점에 심장이 두근거려 그 일을 시작했는지를 돌이켜보자(분명 무언가에 반해 그 일을 했을 것이다).

★ 그리고 지금도 여전히 그 핵심 가치를 지키고 있는지 생각해보자. 책상 앞에 있기보다 밖에 나가 산책하며 생각하면 더 잘 떠오른다. 지금 당장 책을 덮고 밖으로 나가라.

누구도 따라 할 수 없는
독보적 존재 되는 법

우리나라에서 이 정도 파급력을 가졌던 호텔은 아마 없을 것이다. 지금 생각해도 말이 안 된다. 때는 1979년, 서울 한복판에 객실만 1,000개인 초대형 호텔이 탄생했다. 컬러 TV가 1980년에 처음 보급되었다는 것을 생각하면 당시의 파급력이 어느 정도였는지 짐작될 것이다. 그야말로 말도 안 되는 일이었다. 당시 주요 임무는 아주 간단했다. '더 높게, 더 크게.' 이들은 동양의 마천루를 만들기 위해 당시 가장 높은 호텔을 지었다. 그것으로도 모자라 호텔을 백화점과 연결시켰다. 오픈 당일에만 30만 명이 다녀

갈 정도였다고 한다. 그렇게 '첫 번째 최초'를 만들어낸 곳은 지금의 롯데호텔 서울이다.

그러고 얼마 지나지 않아 이번엔 잠실로 넘어갔다. 지금이야 잠실이 깨끗하게 잘 정비된 지역이지만 당시만 해도 그렇지 않았다. 툭 하면 물이 범람하는 곳이어서 사람이 거주하기에 적합하지 않아 고작 260가구밖에 살지 않는 지역이었다. 그런데 이곳 잠실지구를 문화, 체육의 현장으로 탈바꿈하고자 국가적인 차원에서 움직이기 시작했다.

당시 서울시 도시계획국장이었던 손정목 교수는 "잠실지구에 국제경기를 치를 수 있는 운동장(지금의 종합운동장)을 건설하고자 했던 정확한 이유는 알 수 없으나, 서울에서 치르기로 했던 1967년 아시안게임이 서울에는 그런 경기를 치를 만한 시설이 없다는 이유로 방콕으로 넘어간 수모를 극복하기 위함이지 않았을까 짐작해본다"라고 그때를 회고한다.

수많은 기업이 이곳에 대규모 문화시설을 조성하기 위해 뛰어들었으나 줄줄이 부도 위기를 맞았다. 그러던 찰나 잠실지구가 롯데 측의 눈에 들어왔다. 때마침 신격호 전 롯데 회장은 이런 고민을 하고 있었다. "롯데호텔 서울은 더 이상 확장할 수 없다. 우리

나라는 주말, 특히 일요일에 가족과 즐거운 시간을 보낼 공간이
필요하다."

롯데는 허허벌판이었던 잠실 땅에 그동안 볼 수 없던 최대 규모
의 실내 테마파크를 조성하기로 했다. 바로 지금의 롯데월드다.
게다가 1988년 서울올림픽 개최를 앞둔 상황에서 외국 귀빈들과
관광객들을 모두 수용할 수 있는 호텔도 필요했다. 당시 유입되
는 외국인을 수용할 수 있는 호텔이 턱없이 부족했던 터라 반드
시 세워야만 했다. 그러나 여정이 쉽지만은 않았다.

허가 문제로 7개월간 공사가 중단되기도 했다. 서울올림픽 개최
를 한 달 앞두고 호텔 정문엔 온갖 건축 자재가 산더미처럼 쌓여
있었다. 빠르게 지어야 했고, 안전하게 지어야 했다. 모두가 불가
능을 외쳤다. 롯데월드 공사 인력을 모두 롯데호텔 월드에 투입
해 총력을 기울인 결과, 서울올림픽 개최 10일 전에 드디어 전관
을 개관했다.

그렇게 롯데호텔 서울(본점)과 롯데호텔 월드의 총 객실 수는
1,852실. 세계 10위권으로 자리매김할 수 있는 규모였다. 이후에
롯데월드까지 대문을 활짝 열며 '두 번째 최초'를 이뤄냈다. 아직
이것으로는 부족하다.

롯데는 '언제까지 우리나라가 고궁만 보여줄 것인가'라며 또 한 번의 최초를 만든다. 날씨 좋은 날엔 서울 어디서든 보인다는 초고층 건물, 바로 롯데타워가 우뚝 솟았다. 완공되고 2019년 한 해에만 1억 명이 드나드는 곳이 되었다. 그리고 그 안에는 롯데호텔의 고급 라인이자 우리나라 최고층 호텔인 '시그니엘'도 있다.

롯데에 '최초 메이커'라는 말을 붙여주고 싶다. 이들이 메이킹 머니를 하는 방법은 바로 '온리원'이다. 이쯤 되면 아마 이런 생각을 할 수도 있다. '그건 대기업의 거대 자본이 뒷받침해주니 가능한 거 아니야?' 물론 그렇게 생각할 수도 있다. 그러나 우리가 살펴봐야 하는 것은 '넘버원no. 1'이 아닌 '온리원only 1'이 되는 방법이다. 온리원이 되기 위해 자신이 가진 강점을 극대화하는 것이다. 온리원이 된다는 것은 희소성을 갖추고 있다는 이야기다. 대체재가 없으니 사람들이 당연히 몰릴 수밖에. 그렇다면 이들이 어떻게 온리원을 만들었는지 시그니엘 서울에서 힌트를 찾아보자.

대체할 수 없는 경험에는 가성비를 따지지 않는다

시그니엘 로비는 76층이다. 내가 경험한 가장 높은 건물은 63빌딩이었는데 호텔의 로비가 그보다 더 높은 곳에 있다. 76층까지 올라가는 데에 걸리는 시간은 약 40~50초. 촌스러운 티 내지 않으려고 타임워치를 티 안 나게 슬쩍 켜보았다. 순식간에 도착한 로비. 문이 열리고 로비로 향했다. 하지만 중간에 발걸음을 멈출 수밖에 없다. 왜냐하면 로비에서 바라보는 창밖의 한강 풍경과 내 발아래로 펼쳐진 서울의 황홀함. 완벽한 비일상이다. 체크인 시간대에 손님이 몰려 대기해야 하는 것도 오히려 좋다. 조금 더 여유롭게 바깥 풍경을 감상하면 되니까. 이곳에 온 모든 어른들은 전망대에 처음 올라간 아이의 설렘을 느꼈을 것이다. 그만한 가치가 있는 이유는 대한민국의 오직 이곳에서만 볼 수 있는 전망이기 때문이다. 그 누구도 갖지 못한 엄청난 무기다.

시그니엘 서울 역시 잘 알고 있다. 객실을 예약할 때 한강뷰, 시티뷰, 그리고 욕조 전망을 옵션으로 추가할 수 있는데 이때 추가 비용이 발생한다. 욕조 전망은 말 그대로 욕조 바로 옆에 창이 나 있는데 서울 최고층에서 바깥 전망을 즐기며 반신욕을 할 수 있다. 이렇게만 들으면 '무슨 전망에 돈을 지불해'라고 생각할 수 있다. 처음에는 나 또한 그렇게 생각했었다. 하지만 우리가 아파트 매매를 할 때도 방향, 전망, 층에 따라 금액 차이가 있지 않은가. 애써 이해하려 노력했다.

그러나 놀라운 사실이 있다. 이곳에 오는 대부분의 투숙객들이 한강 전망에 욕조 전망 옵션을 선택한다는 것이다. 그도 그럴 것이 이곳에 오는 사람들은 하늘 위에 떠서 하루를 보내는 엄청나게 특별한 경험을 하기 위해서다. 그렇기에 이왕이면 더 완벽한 비일상적 경험을 원하는 것이다. 객실은 타입별로 층수가 다르긴 하지만 로비보다 위에 있다. 더 높은 곳에서 서울을 내려다보는 것이다. 그것도 하루 종일 사적인 공간에서 낭만을 즐길 수 있다. 이런 날이 흔치 않기에 사람들은 기꺼이 전망에 돈을 더 지불한다. 가격보다 희소한 가치에 더 중점을 두는 온리원이 가진 힘이다.

여기서 끝이 아니다. 투숙객들만 이용할 수 있는 전용 라운지도 있다. 시그니엘 유경험자들은 반드시 라운지를 가보라고 조언할 정도다. 해 질 무렵 라운지에 가면 샴페인부터 각종 주류, 그리고 간단히 곁들일 수 있는 스낵류가 준비되어 있다. 호텔 이용 시간 동안엔 마음껏 즐길 수 있는데 역시나 시원하게 뻗은 통창 너머로 서울의 야경을 제대로 볼 수 있다. 그런 곳에서 샴페인 한잔 기울이면 기분이 어떨까? 조식을 먹는 곳 또한 마찬가지다. 체크인부터 체크아웃하는 그 모든 순간까지 최고층 전망과 함께한다.

이처럼 아무나 쉽게 갖지 못하는 '강점'이 있으면 숨기지 말고 무조건 적극적으로 표현하는 게 중요하다. 강점을 더 자주 어필해

시그니엘 서울의 76층 로비(왼쪽), 96층 객실 욕조에서 바라보는 창밖 전경(오른쪽)

온리원으로 쐐기를 박는 것이다. 대체재가 사라지기에 가격 경쟁력이라는 말이 의미가 없다. 사람들은 희소한 경험을 위해 스스로 지갑을 더 활짝 연다. 그런데 이렇게 예를 들어주면 쉽게 이해하지만 정작 자신의 브랜드 혹은 자기 자신에 대해 이야기하면 의외로 자신만의 강점이 무엇인지 모르는 경우가 많다. 혹은 '이 정도는 남들도 다 하지 않나?'라며 자신의 강점을 인정하지 않는 경우도 있다. 그러나 이는 중요한 문제다.

강점의 농도에 따라 메이킹 머니가 달라진다

강점을 잘 모르거나 강점이라고 생각하지 않는 이유는 두 가지다. 첫째는 '내가 알고 있는 건 저 사람도 알고 있을 거야'라는 지식의 저주에 빠지는 것이다. 둘째는 '나보다 더 잘하는 사람이 얼마나 많은데'라는 생각에 강점을 뒤로 숨기는 것이다. 하나씩 살펴보자.

첫째, '내가 알고 있는 건 저 사람도 알고 있을 거야'라는 지식의 저주는 **나에게 당연한 게 누군가에게는 특별하다는 사실을 인지하지 못하는 것이다.** 이 경우는 비슷한 일을 하는 사람들과 오랫동안 시간을 보내면 나도 모르게 갖게 되는 생각이다. 그러나 세상은 넓고 정말 다양한 사람들이 살아간다. 나의 도움이 필요한 사람들은 어디에나 존재한다. 내가 알고 있는 지식이 상대방보다 한 걸음 더 앞선다면 그것 자체로 강점이 될 수 있다는 사실을 명심해야 한다.

꼭 동종업계에 국한할 필요가 전혀 없다. 관점을 달리 해야 한다. 호텔에서 오래 일한 사람이 자신의 경험을 바탕으로 식당을 컨설팅한다면 어떻게 될까? 호텔에서는 당연한 것들이 식당에서는 전혀 생각하지 못한 것일 가능성이 높다. 이렇게 되면 독창적인 결과물이 나오지 않을까? 기자 생활을 했던 사람이 호텔 콘텐츠 마케팅을 한다면 어떻게 될까? 마치 기획 기사를 작성하듯이 호텔을 홍보하려 하지 않을까? 뉴스처럼 호텔을 소개하지 않을까? 그 자체로 이미 어디서도 본 적 없는 결과물이 나온다. 내가 오랫동안 해와서 당연하게 여겼던 일들이 있다면 다른 분야에 접목해 보자. 즉, 프레임을 다른 곳에 두는 것이다. 관점을 달리 해보는 것 자체만으로 엄청난 강점이 될 수 있다는 사실을 놓쳐서는 안 된다.

호텔 하면 최상급 서비스와 고급스러운 시설, 숙면을 자랑하는 침구 등이 먼저 떠오른다. 이것은 어떤 호텔도 똑같이 주장하는 요소다. 그러나 시그니엘 서울은 '고객의 기대, 그 이상의 특별한 경험을 제공한다'라는 주요 임무 아래 움직인다. 여기서 특별한 경험은 바로 '어디서도 볼 수 없는 전망'이다. 어디에 프레임을 두느냐에 따라 강점이 더욱 부각되어 온리원이 될 수 있다.

둘째, '나보다 더 잘하는 사람이 많은데'라는 생각 때문에 강점을 뒤로 숨기는 것이다. 세상은 넓고 당연히 고수들도 많다. 그러나 청출어람이라는 말이 있다. 초밥 장인에게 수십 년간 비법을 전수받았더라도 결국엔 전수받은 그 비법에 나만의 무언가가 하나 더 가미되어야 한다. 그러면 그 사람만이 할 수 있는 온리원이 된다. 왜 그럴까? 이유는 간단하다. 저마다 가지고 있는 신념과 생각이 다르기 때문이다.

자동차 브랜드로 예를 들면 이해가 빠를 것 같다. BMW는 운전하는 맛을 중요하게 여기는 브랜드다. 볼보는 운전자의 안전을 가장 중요하게 생각한다. 테슬라는 운전자의 편의와 미래를 향해 달려 나가는 것을 중요하게 여긴다. 이처럼 각 산업군의 최고라고 불리는 브랜드도 저마다의 신념이 모두 다르다. 구매자가 평소 가지고 있는 생각과 신념이 어떤 브랜드의 신념과 일치하는 순간, 그 구매자의 눈에는 오직 그 브랜드밖에 보이지 않는다. 온리원이 된 것이다. 이런 사례는 삼성과 애플, 맥도날드와 버거킹, 샤넬과 에르메스 등 셀 수 없을 정도로 많다. 이들 모두는 넘버원을 외치지 않고 온리원을 외친다.

그래서 나의 신념이 곧 강점이 된다. 나의 신념은 내가 그 일을 하는 '이유'에서 출발한다. 더 쉽게 말하면 '내가 믿고 있는 무언가'다. 나의 경우, 내가 호텔을 세우겠다는 꿈을 가지고 공간과 브랜드를 기획하는 이유는 '공간을 통해 타인을 행복하게 만드는 것'이 내가 하는 일의 본질이라 믿기 때문이다.

각자 몸담고 있는 분야는 비슷할지언정 그 일을 하는 이유는 모두 다르다. 태어난 환경, 교육 수준, 사고관이 전부 다르기 때문이다. 나보다 잘하는 사람은 분명 존재한다. 그럼 잘하는 사람은 어떻게 하는지 먼저 꼼꼼하게 다 뜯어봐야 한다. 그렇게 하다 보면 비어 있는 틈을 발견하는 시점이 온다. 그 틈은 내가 생각하는 신념과 다른 지점일 것이다. 그러면 거기에 나의 신념을 한 스푼 얹으면 된다. 강점이 극대화되는 순간이다. 그렇지 않으면 스승으로부터 배운 게 똑같이 복제될 수밖에 없다.

앞서 이야기했듯이 시그니엘 서울 또한 수많은 호텔 중 하나에 불과하다. 최상급 시설이라 해도 두바이에 있는 1박에 1억 원짜리와 비교하면 넘버원은 아니다. 그러나 이들에게는 '고객의 기대, 그 이상의 경험을 제공하겠다'라는 자신들만의 신념이 있다. 국내에서 할 수 있는 최선을 다할 뿐이다. 마찬가지로 두바이에 있는 그 호텔 또한 자신들의 철학이 있을 것이다. 각자의 신념을 각자만의 방식으로 열심히 풀어낼 뿐이다. 그러면 이 둘 중 누가 더 우위인지 비교가 가능할까? 아마 쉽지 않을 것이다.

롯데호텔을 살펴보면서 우리가 얻을 수 있는 힌트는, 이들은 예전부터 넘버원보다는 온리원을 좇았다는 것이다. 온리원이 되기 위한 방법으로는 자신이 가진 강점이 무엇인지 파악하고 그것을 거침없이 보여주는 것이다. 그러나 '내가 알고 있는 건 다른 사람도 알고 있을 거야'라는 생각에 나의 강점을 내세우지 못하고 있다면 자신이 몸담고 있는 분야 외적으로 관점을 돌려보자. 혹은 '나보다 잘하는 사람이 수두룩해'라는 생각이 나 자신 혹은 내 브랜드의 발목을 잡는 것 같다면 다른 사람들은 절대 따라 할 수 없는 나만의 신념을 찾아보자.

Making Money Ideas

★ 지금 하는 일을 생각하며 돌이켜보자. 나는 그 일을 왜 하는가? 그 일에 임할 때 어떤 생각으로 하는가?
★ 나 혹은 내가 운영하는 브랜드는 어떤 강점을 갖고 있는가? 그리고 그 강점을 제대로 보여주고 있는가?

하던 거 할지,
새로운 거 할지 고민일 땐 이렇게

살면서 한 번쯤은 이런 고민을 하게 된다. **일관성이냐, 다양성이냐!** 사업이나 자신을 브랜딩하는 사람이라면 더욱 고민되는 선택지다. 너무 비슷한 모습을 보여주면 사람들한테 '에이, 얘네는 변화가 없네'라는 말을 들을 것 같고, 너무 다양성을 내세우면 '여긴 이도 저도 아니네'라는 말을 들을 것 같다. 이 문제를 현명하게 풀어낼 방법은 없을까?

하루는 생각을 싹 비워내고 싶어 강남역에서 역삼역 쪽으로 하염없이 걸었다. 그러다 목이 말라 눈앞에 보이는 스타벅스로 들어갔다. 음료를 사들고 다시 밖으로 나와 발걸음을 옮기는데 '어라?' 또 스타벅스가 보였다. 그래서 '아, 정말 많은가보다' 했는데 강남역에서 역삼역에 도착하기까지 스타벅스가 총 다섯 개나 있었다. 그래서 찾아보았다. 서울에만 스타벅스가 약 568개이고, 2022년 기준 우리나라 전체 스타벅스는 1,700여 개로 집계된다.

한번 생각해보자. 1,700여 개 스타벅스 어디를 가도 '비슷한 인테리어, 동일한 서비스, 균일한 맛'을 경험하지 않는가? 이는 스타벅스뿐만이 아니다. 맥도날드, KFC, 버거킹 등 대형 프렌차이즈는 모두 각자만의 브랜드 시스템을 갖추고 있다. 이렇게 해야 수천 개의 매장 관리가 수월하고, 경영하는 입장에서는 효율적으로 브랜드를 운영할 수 있기 때문이다.

그런데 요즘 스타벅스의 움직임이 예사롭지 않다. 대개는 눈감고 매장 안으로 들어가면 내가 지금 어떤 지점의 카페에 있는지 모를 정도로 천편일률적인데, 지역 특성을 살려 고객에게 색다른 경험을 주는 곳들이 늘고 있다. 한강 위에 둥둥 떠 있는 서울웨이브아트센터점, 28년간 방치되었던 경동극장(1960년대 지어짐)을 개조해 만든 경동1960점, 한옥의 형태와 좌식 문화가 적용된 경주대릉원점을 한번 지도에서 검색해보기 바란다.

스타벅스는 일관적인 경험을 만드는 시스템에 집중하기도 하면서, 때에 따라서는 색다른 모습으로 변주하기도 한다. 그렇다면 호텔은 어떨까? 우리나라 호텔의 역사이자 국내 토종 브랜드인 롯데와 신라를 살펴보면 힌트를 얻을 수 있다. 뚝심 있게 '일관성'을 유지해야 할지, 아니면 변화를 보여주며 '다양성'을 추구해야 할지 말이다. 그럼 바로 꼼꼼하게 살펴보자.

롯데와 신라, 선의의 라이벌

롯데호텔의 역사는 1936년 당시 '권위의 상징'이라고 불린 명동의 반도호텔을 새롭게 탈바꿈하면서 시작된다. 신격호 롯데 회장은 '어떤 환경에서 사느냐에 따라 인간은 달라진다'는 확고한 철학을 가지고 있었다. 그는 국내 최초로 랜드마크 건물을 도입하겠다는 뜻을 품었고, 롯데호텔이 바로 그것이다. '동양 최대의 마천루'를 짓겠다는 포부로 경부고속도로 건설비보다 1억 5,000만 달러를 더 투입해 불가능해 보였던 목표를 현실로 이뤄낸 곳이 바로 '롯데호텔 서울'이다. 객실만 무려 1,000여 개이니 규모에서 느껴지는 위압감이 어마어마하다.

롯데호텔은 국제적인 행사를 다수 유치하며 명성을 다져나갔으며 국빈들의 숙소로 자주 이용되었다. 이후 이들의 행보는 꽤나 전투적이다. 소비자 성향에 따라 호텔의 포트폴리오를 다각화했다. 롯데호텔 서울에 비해 비교적 부담이 덜해 출장 온 비즈니스맨들이 캐주얼하게 오갈 수 있는 비즈니스 호텔인 '롯데시티호텔'이 그것이다. 그리고 더 나아가 젊은 사람들이 호텔을 소위 '힙'하게 즐기며 누릴 수 있는 'L7호텔'도 런칭했다. 여기에 최고급 포트폴리오인 시그니엘 서울을 완성하며 정점을 찍었다. 전국에 20개, 해외까지 합치면 34개가 있는 롯데호텔은 감각적인 라인부터 호화로운 라인까지 다양한 포트폴리오를 갖추고 있다.

그렇다면 망고빙수로 유명한 신라호텔은 어떨까? 1979년 장충동에 문을 연 신라호텔. 흥미롭게도 신라호텔이 문을 열고 이틀 뒤에 롯데호텔이 개관했다. 신라호텔 내의 영빈관은 원래 '외국 국빈을 위한 숙박시설'을 만들려던 이승만 초대 대통령의 지시를 받아 1959년부터 공사를 시작해 1967년에 문을 열었다. 1970년대가 되어 정부는 외국 관광객 유치를 하고 싶었으나 당시만 해도 여관 수준의 숙박시설들이 대부분이었다.

정부는 이병철 삼성그룹 회장에게 '한국의 얼굴이라 불리는 호텔이 없으니 우리나라를 대표하는 호텔을 건설해 달라'며, 경영 실적이 좋지 않은 영빈관을 인수해줄 것을 제안했다. 이병철 회장은 '전통적인 아름다움과 현대적인 아름다움을 갖춘 국제적인 호텔을 세워보자'며 약 5년의 공사 끝에 1979년 3월에 '신라호텔'이라는 이름으로 개관했다. 현재 신라호텔은 서울 장충동에 한 곳, 제주도 중문에 한 곳을 운영 중이다. 그리고 조금 더 캐주얼한 라인이자 비즈니스호텔인 '신라스테이'도 운영 중이다.

롯데와 신라, 두 호텔 모두 40년 넘는 역사를 가지고 있다. 게다가 우리나라를 대표하는 원조 격의 호텔이다. 여기서 우리는 L7 호텔과 신라스테이를 주의 깊게 살펴볼 필요가 있다. 이 둘의 공통점은 무엇일까? 패션브랜드로 치면 '세컨드 라인'이다. 모체 브랜드의 고급스러움과 호화로움을 100% 경험할 수는 없지만 부담을 조금 낮춰 유사한 브랜드 경험을 할 수 있다는 매력이 있다. 이들은 강남, 홍대 등 접근성 또한 좋은 곳에 터를 잡고 있다. 그렇다면 이 둘에는 어떤 차이가 있을까?

롯데, 젊은 감각으로 지역에 녹아들다

L7호텔은 위치 선정부터 예사롭지 않다. 2023년 기준 강남, 홍대, 명동, 총 세 군데에 자리 잡고 있다. 얼핏 위치만 봐도 외국인 관광객이 가장 많이 발을 들이는 곳이란 것을 알 수 있다. 그러나

세 군데 모두 각자 자기만의 개성이 확실한 지역이기도 하다. 강남은 트렌디함, 홍대는 자유로움, 그리고 명동은 관광과 K컬처가 바로 연상될 정도로 지역의 색이 강하다. 여기서 흥미로운 점은 세 군데 모두 디자인과 분위기가 완전히 다르다는 것이다.

가장 대표적인 L7 홍대를 살펴보자. 홍대 하면 우리는 자연스럽게 젊음, 자유분방함, 아티스트 등을 떠올린다. 놀랍게도 이 모든 것들이 L7 홍대에 녹아 있다. 체크인을 하러 로비로 발걸음을 옮기면 바로 경험할 수 있다. 로비는 투숙객, 방문객 모두 자유롭게 드나들 수 있지만 왠지 모르게 투숙객만 들어가야 할 것 같다는 심리적 부담감이 들 때가 있다. 그러나 L7 홍대에서는 그런 모습을 찾아볼 수 없다. 직원이 서 있는 프런트 데스크와 로비겸 라운지 공간을 아예 분리시켜놓았다.

직원들 눈치를 보지 않을 수 있어서인지(원래 눈치를 주지도 않지만) 사람들이 마음 편히 이곳으로 모여든다. 어떤 사람은 노트북을 펼치고 열심히 무언가를 하고 있다. 다른 누군가는 로비에 설치된 헤드폰과 LP 플레이어를 활용해 음악을 듣고 있다. 단체로 온 외국인 관광객들은 널찍한 테이블에 앉아 다음 행선지를 고민하는 듯하다. 투숙을 기다리는 사람부터 체크아웃하고 잠시 쉬어가는 사람들 등등 누가 투숙객인지, 잠시 들린 방문객인지

L7 홍대만의 자유로운 분위기를 느낄 수 있는 로비.
홍대의 지역 특성인 '자유로움'이 로비 공간에서도 묻어난다.
한눈에 봐도 '홍대에 있는 호텔답다'라는 느낌을 단번에 받을 수 있다.

구분이 어렵다. 이게 L7 홍대 라운지의 매력이다. 누구에게나 활짝 열려 있다.

L7 홍대는 단순 호텔을 넘어서고자 새로운 도전을 한다. 스스로를 '문화 스테이션'이라고 칭한다. 스테이션은 우리말로 '역'이다. 역은 수많은 사람들이 오가는 곳이자 만남의 장이 되기도 하는 일종의 플랫폼이다. 다시 말해 이들은 홍대의 자유로움을 사랑하는 사람들, 음악과 파티, 그리고 예술을 하는 힙스터들이 자유롭게 드나들 수 있는 '놀이터'가 되고자 한 것이다. 이처럼 지역의 특징을 호텔 안에 녹여내면 다른 곳에서 하기 어려운 색다른 경험을 할 수 있는 공간이 탄생한다.

L7 홍대 기준으로 5분 거리에 비슷한 호텔이 두 군데 더 있다. L7 홍대 바로 맞은편엔 '머큐어앰배서더 서울 홍대'가 있고, 조금 더 걸어가면 '라이즈오토그래프컬렉션'이란 호텔이 있다. 세 호텔의 위치가 정말 삼각형을 이루고 있어서 나는 편의상 '홍대 트라이 앵글'이라고 부른다.

이 이야기를 하는 이유는 이 호텔들도 L7 홍대 못지않게 자신들만의 방식으로 '홍대다움'을 품고 있기 때문이다. 물론 호텔의 규모, 디자인, 부동산의 형태, 수익구조 등에 따라 경험의 차이가 있

L7 강남과(왼쪽) L7 명동의(오른쪽) 로비 전경. 강남점과 명동점 또한 분위기가 다르다.
하나의 브랜드에서 지역의 성격에 맞춰 '브랜드의 다양성'을 전개하는 것도 하나의 전략이다.
다른 지점은 어떤지 둘러보는 재미가 있기에 브랜드를 재방문할 이유가 생긴다.

겠지만 여유가 되면 L7 홍대를 시작으로 한 곳씩 가보는 것을 권하고 싶다. 홍대라는 같은 지역에 있지만 각자의 브랜드 이미지를 어떻게 풀어내었는지 느껴보는 재미가 있을 것이다.

L7 홍대 위주로 설명했지만 브랜드 성격상 L7 강남점과 명동점 또한 홍대점 못지않게 감각적이다. 위엄이 있거나 격식을 갖춘 분위기보다는 고객들이 보다 친근하고 마음 편히 드나들 수 있는 분위기다. 롯데의 L7호텔은 지역성을 적극 반영한다. 그 지역의 본질을 찾아내고 공간에 접목해야 하기에 복제하듯 지점 확장이 불가능하다. 확장 속도가 느릴 수는 있으나 대신 그 덕에 강남, 홍대, 명동 모두에서 느끼는 경험 자체가 다르다. 하나의 브랜드이지만 다채로운 경험을 할 수 있기에 L7호텔이 더욱 인상 깊게 남는 것은 아닐까.

신라스테이, 언제나 믿고 갈 수 있는 균일함

신라스테이는 L7호텔과는 정반대다. L7호텔은 세 개의 지점이 있는 반면, 신라스테이는 2022년 기준 전국에 14개의 지점이 있다. 그리고 지역별로 분위기가 다른 L7호텔과는 정반대로 대부분의 지점이 모두 비슷하게 생겼다. 지역마다 약간의 차이는 있지만 대체적으로 균일하다. 체크인하는 로비부터 객실, 식음업장의 디자인까지 어느 지점을 가든 큰 차이가 없다. 객실은 거의 일란성 쌍둥이라고 봐도 무방하다. 게다가 L7호텔 지점들의 캐주얼하고 자유로운 분위기와는 달리 신라스테이는 신라호텔의 격을 어느 정도 이어가고 있다.

직원의 유니폼에서 그 단서를 찾아볼 수 있다. L7 홍대의 경우에는 공간과 적합하게 청바지에 옥스퍼드 셔츠를 입고 있지만 신라스테이의 모든 지점은 정장을 갖추고 있으며 세컨드 라인이라 하더라도 신라호텔 브랜드의 품위를 유지하고 있다. 신라스테이에 투숙할 때마다 '정말 실용적이다'라는 생각이 들었다. 불필요한 요소들은 싹 걷어내고 정말 필요한 것들만 정 위치에 남겨둔 담백함이 여실히 느껴진다.

대부분의 호텔이 다 그렇지 않냐고 반문할 수 있다. 그러나 생각보다 답답하지 않고 적당하다고 느껴지는 기본 객실의 크기, 책상과 소파를 하나로 연결해 창가 측에 배치한 점 등은 투숙의 편의성을 높인 신라스테이만의 전매특허 디테일이다. 거기에 호텔의 전체적인 디자인마저 뛰어난데 10~20만 원대에서 이런 호텔을 찾기는 쉽지 않을 것이다.

신라스테이는 어느 지점을 가든 동일한 경험을 할 수 있는 전략을 내세운다.
하지만 객실에는 각기 변주를 주기 시작했다.
이 '컴포트 레저룸'은 이름 그대로 편안하게 각종 디지털 레저를 즐길 수 있다.

신라스테이는 이 모든 것을 다 갖추고 있다. 그 덕에 한두 번 신라스테이를 경험한 사람은 다른 지점에 갈 때도 호텔 선택에 실패 위험을 줄일 수 있고, 익숙한 공간이기에 '믿고' 갈 수 있다. 새로운 공간에 또다시 적응하는 데에 많은 에너지를 쏟을 필요도 없다. 마치 스타벅스처럼 말이다.

그러나 이들에게도 독특한 객실 타입이 하나 있다. 이 객실은 게임을 즐길 수 있는 플레이스테이션이 내장되어 있고 65인치 거대한 스마트TV가 장착되어 있다. 게다가 침대의 각도를 조절해 세상에서 가장 편안한 자세를 잡을 수 있는 모션베드까지 있다. 이름하여 '컴포트 레저 룸'이다. 이 객실은 나만의 영화관이 될 수도 있고, 게임을 하며 스트레스를 풀 수도 있는 공간이다. 하루 종일 먹고 자고 즐기며 세상에서 가장 게으른 시간을 보낼 수 있다. 그것도 서울에서 가장 바쁜 동네로 손꼽히는 삼성역에서 말이다.

이렇게 호텔도 저마다 브랜드를 넓혀나가는 전략이 다르다. 어떤 호텔은 지역의 특색을 브랜드에 적용해 다양성을 추구하는 반면, 다른 호텔은 체계적이고 균일하게 만들어 브랜드를 빠르게 넓혀나가기도 한다. 어느 쪽이 맞다, 틀리다 논하기는 어렵다. 그러나 한 가지 분명한 사실이 있다.

다양성이든, 일관성이든 결국 시스템이 본질

자기 자신을 브랜딩해 돈을 벌든, 오프라인 공간을 창업하든 보통 '잘된다' 싶으면 이런 고민을 하게 된다. 확장을 하고 싶은데 기존의 틀을 유지하는 게 맞을지, 기존에 보여주지 못한 색다른 모습을 보여주며 넓혀나갈지 말이다. 기존에 해왔던 것을 유지하면서 몸집을 키워가자니 뭔가 지루해 보이고, 새롭게 브랜드를 선보이자니 갑자기 브랜드가 흔들리는 것 같아 고민스러울 것이다.

앞서 이야기했던 L7호텔과 신라스테이는 얼핏 전혀 다른 성격을 가진 브랜드라는 생각이 들 것이다. 그러나 한 가지 분명한 사실은 이들 모두 '시스템'을 탄탄하게 갖추고 있다는 것이다. 여기서 말하는 시스템이란 브랜드가 이리저리 휘청이지 않도록 뼈대를 올바르게 잡아주는 체계를 의미한다.

L7호텔의 경우 강남, 홍대, 명동점 각각 모두 달라 보이지만, 하나씩 뜯어보면 체계가 갖춰져 있다. 이를테면 투숙객이든 아니든 상관없이 누구나 들어올 수 있는 자유로운 로비 공간이 그렇다. 이들은 이를 '열린 커뮤니티'라고 칭하며 이 공간에서 무엇을 하든 그 누구도 개의치 않는다. 지점에 상관없이 전 직원들의 복장은 청바지다. 그래서 더욱 친근하고 자유로운 공간으로 보인다.

또한 모든 지점에 루프톱 바를 갖추고 있으며, 풀장 혹은 풋스파 공간도 있다. 그래서 수영을 하며 바를 즐기기도 하고, 따뜻한 물에 발을 담그고 피로를 풀기도 한다. 전체적으로 역동적인 분위기다. L7호텔이 다양성과 독창성을 추구하는 호텔이라 하더라도 그 중심에는 이처럼 공통된 체계가 존재한다.

그렇다면 신라스테이에는 어떤 시스템이 있을까? 이들은 '스마터스테이Smater stay' 콘셉트를 추구한다. 여행 중에 진짜 필요한 서비스와 시설에만 집중해 고객 편의를 극대화하겠다는 전략이다. 군더더기 없이 담백하게 운영함으로써 고객들이 합리적이고 실용적인 경험을 하도록 총력을 다하는 것이다.

모든 지점의 호텔 디자인이 유사한 이유도 그래서다. 특히 객실이 책상과 하나로 연결된 소파, 대표 컬러인 오렌지색 쿠션, 한지로 만든 긴 원통의 조명까지. 그들은 이 구조가 가장 실용적이라 판단한 것이다. 부족함이나 불편함, 군더더기 없이 하루를 보낼 수 있는 객실 디자인은 큰 변주를 주지 않기에 합리적인 금액대를 유지하는 데도 보탬이 될 것이다.

그러나 최근 신라스테이는 재미있는 행보를 보이고 있다. 기존의 신라스테이 전 지점의 식음업장을 제외한 부대시설은 '피트니

비슷한 톤앤매너를 유지하는 신라스테이 지점 중 신라스테이 삼성(위)과 신라스테이 역삼(아래)
얼핏 보면 거의 같은 지점처럼 보이는 것은 어느 지점을 가더라도 최적의 경험을 제공하기 위함이다.
낯선 공간에 대한 부담을 줄이는, 시스템이 주는 효율성을 느껴볼 수 있다.

스센터'가 전부였다. 그러나 이들은 스마터스테이를 더 부각하려는 모양이다. 코로나19를 겪으면서 사람들이 호텔을 단순히 잠만 자는 곳이 아닌 '즐기는 곳'으로 인식한다는 것을 인지한 뒤 '여행 중에 진짜 필요한 서비스와 시설'을 다시 생각하게 된 것이다. 피트니스센터뿐만 아니라 수영장과 사우나 시설을 갖춘 지점(서부산)을 오픈하기도 했으며, 각종 게임을 할 수 있는 플레이존이 있는 지점(여수)도 생겨났다. 고객 편의에 집중한 실용성과 합리성, 이 두 가지 모토 아래 신라스테이의 모든 것이 돌아가고 있었다.

L7호텔은 지점별로 다양한 모습과 자유분방한 이미지를 보이고 있으며, 그 안에는 지역 문화, 열린 커뮤니티, 직원들의 청바지 복장, 루프톱 시설과 같은 체계를 가지고 있다. 신라스테이는 어딜 가나 동일한 경험을 할 수 있으며 실패 없는 하루를 보낼 수 있다. 신라스테이에는 실용성과 합리성이라는 시스템이 존재하며, 오직 이 두 가지만으로 고객 편의를 최대치로 끌어올린다.

겉으로 보기에는 정반대의 색을 띠고 있는 이 두 호텔 브랜드는 사실 크게 다르지 않다. 그저 자신들만의 '시스템'이 있을 뿐이다. 시대의 흐름에 따라 변화하고 있는 것 같지만 시스템 안에서 움직이기에 사실상 이들의 본질은 변하지 않는다. 그렇기에 나 자신을 브랜딩하든 내 사업을 브랜딩하든 일관성이냐, 다양성이냐를 논하기 전에 내가 가진 시스템이 과연 어떤 것인지를 고민해보는 게 우선되어야 한다. 시스템이라고 하니 어렵게 느껴질 수 있다. 하지만 결국엔 '어떤 고집'을 밀고 나갈 것이냐의 싸움이다. 여기서 말하는 고집은 나만의 가치관이자 신념이다. 앞서 말한 why에서 출발해야 하는 게 왜 중요한지 알겠는가? 그 고집이 반복되면 자연스럽게 시스템으로 안착하게 된다. 이 '시스템'만 있다면 다양성이나 일관성 그 어떤 선택을 해도 흔들림 없이 한 방향으로 나아갈 수 있다.

Making Money Ideas

★ 하던 거 할지, 새로운 걸 시도해볼지 고민스러울 때는 진지하게 생각해보자.
   어떤 이유로 지금 이런 고민을 하고 있는지.
★ 그렇다면 나만의 시스템은 무엇인가? 누구나 나이가 들면서 조금씩 바뀌어가지만
   그럼에도 불구하고 바뀌지 않는 나만의 사고관, 가치관은 무엇인가?
★ 위 질문을 내가 운영하는 브랜드에도 그대로 적용해보자.

5

4

3 (Floor) **천재적 발상은
한 끗 차이에서 시작된다**

2

1

모두가 그런 것은 아니지만 이미 우리는 알고 있다. 요즘처럼 보고 즐길 거리가 많은 세상에서 사람들의 관심을 받으려면 '뻔하지 않아야 한다는 것'을. 뻔하지 않다고 해서 무작정 독특하거나 누구보다 유행에 민감하거나 남들이 안 하는 걸 고집하는 게 전부는 아니다. 좀 더 본질적인 힌트를 찾고 싶었다. 그리고 정말 반갑게도 그것을 호텔에서 찾을 수 있었다. 'Floor 3'에서는 사람들에게서 '오, 좋은데!'라는 말이 바로 튀어나오게 만드는 천재적인 발상에 대해 이야기할 것이다. 과연 호텔들은 어떻게 무릎을 칠 만한 아이디어를 고안했을까? 바로 체크인해보자.

고객 스스로
일회용품 안 쓰게 만든 천재적 발상

'일회용품 사용 금지'라는 말은 어쩌면 폭력적인 표현일지도 모른다. 순간 '엥? 무슨 소리 하는 거야? 당연히 환경을 보호해야지!'라고 말할 수 있다. 그런데 만약 저 문구가 쓰여 있는 위치가 1박에 수십만 원 하는 호텔이라도 같은 생각이 들까? 아마 쉽게 답하기 어려울 것이다. 왜냐하면 '내가 숙박비를 얼마나 냈는데, 이 정도도 못 써?'라고 하는 보상심리가 따라오기 때문이다.

혹은 '일회용품 사용 금지'라는 규칙을 정하는 대신 대안을 마련해주면 또 다를 수 있다. 그렇지 않고 일방적으로 '일회용품 사용 금지'를 외치는 것은 누군가에겐 당연할지 몰라도 특정 상황에 놓인 사람에게는 폭력적일 수 있다. 다시 말해 '상황'에 따라 받아들이는 폭이 달라질 수 있다는 말이다. 그런데 의외로 많은 곳이 앞뒤 가리지 않고 '일회용품 사용 금지'를 외치는 경우가 있다. 공원에 쓰레기를 버릴 만한 곳 하나 없는데 '쓰레기 투기 금지'라는 말이 있는 경우가 가장 대표적이다. 물론 상식적으로 하면 안 된다는 것을 잘 알고 있다. 그러나 대안 없이 일방적인 부탁은 강요로 바뀐다. 당연히 스트레스가 생길 수밖에. 반발심이 생기지 않으면 다행이다.

부탁과 강요, 그 애매한 경계

그렇다면 호텔의 경우는 어떨까? 실제로 호텔이 환경에 지대한 영향을 미치는 4대 요소가 있다. 상당한 쓰레기 배출과 이로 인한 이산화탄소 배출, 전력 낭비, 과도한 수도 낭비가 그것이다. 충격적인 이야기를 하나 해보자.

지금으로부터 10년 전, 1년에 호텔에서 배출되는 이산화탄소량은 19개 화산이 폭발할 때 배출되는 이산화탄소 양보다 많았다.

연간 8,000만kg의 쓰레기가 배출되는데 이를 캐리어에 담으면 약 3,700만 개다. 게다가 호텔 TV가 사용하는 전력량을 딱 10%만 줄이면 워싱턴DC의 1년치 에너지가 확보된다. 그렇다면 물은 어떨까? 이게 가장 충격이다. 호텔에서 사용하는 연간 수도 사용량은 한 사람이 무려 277년을 쉬지 않고 샤워할 수 있는 수준이라고 한다. 이 모든 이야기는 철저히 '10년 전 미국'에 한해서다.

전 세계 호텔로 눈을 돌리면 그 수치가 어떻게 바뀔까? 가히 상상조차 할 수 없을 정도다. 그래서 전 세계 호텔들이 의기투합해 쓰레기 배출량을 줄여보기로 결심했다. 그런 이유로 어느 순간부터 호텔 내에서는 일회용품 어메니티 대신 눌러 쓰는 펌프식 샴푸와 린스가 벽에 부착되기 시작했는데, 여러분들도 본 적이 있을 것이다. 이제 호텔에서 무료로 주는 일회용 샴푸, 린스, 바디워시를 챙겨오는 것은 옛 추억이 되었다. 게다가 칫솔, 치약마저 객실에 비치해두지 않기에 별도로 구매해야 하는 곳들도 눈에 띄게 늘고 있다.

사실 2022년부터 50실 이상의 숙박업소에서 면도기, 칫솔, 샴푸 등 일회용 위생용품 무상제공이 불가해졌다. 2024년부터는 규모와 상관없이 모든 숙박업소에서 무상제공이 불가해진다. 이런 변화는 한국만이 아니라 전 세계 숙박업소에서 동시에 일어나고 있는 움직임이다.

하지만 한번 생각해보자. 이런 움직임 속에서 업계 사람들과 이 책을 읽고 있는 독자 여러분을 제외한 대개의 사람들은 이 사실을 알 턱이 없다. 그들에게 갑자기 '환경을 보호해야 하니 일회용 위생용품은 제공하지 않습니다'라고 안내하면 얼마나 당황스럽겠는가. 호텔에 갈 생각에 개인 위생용품을 하나도 안 가져왔을 텐데 별다른 대안도 없이 한 대 맞은 기분일 테니 이는 곧 폭력이다. 사람들도 취지는 이해할 것이다. 그러나 썩 유쾌한 경험은 아니리라. 그러면 어떻게 해야 할까?

이런 상황 속에서 아주 똑똑하고 현명하게 일회용품 사용량을 줄인 호텔이 있다. 이 호텔은 신논현역과 언주역 사이에 있는 '카푸치노호텔'이란 곳이다. 코오롱에서 운영하는 호텔인데 이곳은 ESG(기업의 비재무적 요소인 환경Environment, 사회Social, 지배구조Governance를 뜻하는 말) 경영이 사회 화두로 오르기 전인 2015년부터 독특한 행동을 하기 시작했다.

이 호텔을 구체적으로 파악하기 위해 나는 다섯 번이나 이곳에 투숙했다. 일회용품 줄이기를 강요가 아닌 우아하게 전달하면서 메이킹 머니까지 할 수 있는 이야기를 지금부터 해보겠다.

국내 최초 객실 안에서 미션 수행

이 호텔에는 모든 객실에 똑같이 구비되어 있는 게 있다. 그리고 이것은 국내 그 어느 호텔에도 없는 것이다. 바로 카푸치노호텔의 핵심이기도 한 E&G Earn & Giveaway 박스다. 이 박스 안에는 여분의 수건과 칫솔, 치약, 면봉 등 각종 일회용 위생용품이 들어 있다. 그리고 그 위에는 쿠폰이 한 장 놓여 있다. 우리가 어렸을 때 학교에서 작은 장이 열릴 때면 화폐 대신 사용하곤 했던 그 쿠폰 같은 느낌이다.

처음엔 '어, 이게 뭐지?'라고 하다가 자세히 살펴보면 깊이 감동할 수밖에 없다. 쿠폰 옆에 이런 문구가 작성되어 있다. '잠깐! 꼭 필요하신가요?' 그리고 그 옆으로 이 박스에 대한 설명이 적혀 있다. 이 박스에 있는 일회용 위생용품을 하나도 사용하지 않고 그대로 두었을 경우 이 쿠폰을 프런트 데스크로 가져오면 커피 한 잔이나 시저샐러드 혹은 와인 한 잔으로 교환해준다는 내용이다. 교환을 원치 않으면 개발도상국에 식수를 제공하는 비영리단체인 'water.org'에 기부할 수 있다. 무엇보다 인상 깊은 것은 호텔 엘리베이터에 '카푸치노에서 천사가 된 손님들의 업적'이라며 그간 투숙객이 기부한 내역을 연도별로 붙여두었다. 규모가 크든 작든 실행에 옮겼다는 것을 가시적으로 보여주는 것이다.

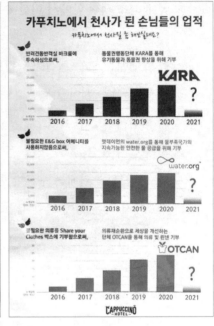

'손님들의 업적'이라는 표현으로 실제 투숙객들이 카푸치노호텔의 운영 방향에 얼마나 동참했는지를 보여준다.

자연스럽게 '오, 나도 한번 해볼까?'라는 생각이 들게 만드는 장치다.

환경보호를 적극 실천하고 있다는 것을 명확하게 보여주는 카푸치노호텔만의 디테일이다.

아낀 만큼 투숙객과 사회에 되돌려주는 기막힌 시스템이다. 무작정 '쓰지 마세요!' 하고 마는 게 아니라 한번쯤 환경 문제에 대해 생각하게 하고, 자발적으로 여기에 동참하고 싶게 만드는 장치를 마련해두었다. 그래서 고객 스스로 소비의 공간인 호텔에서 일회용품 사용을 절제해 환경보호에 조금이라도 이바지한 자신을 기특하게 느끼게 한다. 게다가 그에 대한 보상까지 해주니 도전 욕구가 올라오지 않는가. 지금까지 본 호텔 중 가장 우아하고 세련된 방식으로 호텔 내 일회용품 사용 절감을 실천하는 곳이다.

한편 엉뚱한 생각도 든다. 만약에 E&G 박스 안에 있는 일회용 위생용품을 사용해놓고는 안 쓴 척 슬쩍 쿠폰을 챙겨 프런트 데스크에서 음료랑 교환해버리면 어떻게 될까? 호텔 관계자와 인터뷰를 하며 슬쩍 물어보았더니 실제로 그런 경우가 많았다고 한다. 그렇더라도 쿠폰을 받을 때마다 실시간으로 고객이 투숙했던 객실에 들어가 하나하나 점검하는 것도 서로 민망한 상황인지라 현실적으로는 100% 확인은 불가능하다고 한다. 그런데 여기서 나의 머리를 띵 하게 만든 이야기가 나왔다.

"물론 호텔 입장에선 약간의 손실이 있을 수 있습니다. 그러나 우리가 E&G 박스를 운영하게 된 본질적인 이유를 생각해보면 답은 간단합니다. 평소 환경보호에 무관심했던 분들도 이 박스를

카푸치노호텔의 모든 객실 안에는 불필요한 소비를 줄이기 위한 E&G 박스가 비치되어 있다.
사용을 하든 안 하든 단 한 명의 고객이라도 이 박스를 보고 호텔에서 배출되는 일회용품 쓰레기에 대해 생각하는
계기가 된다면 그걸로 충분하다고 카푸치노호텔은 말한다.
당장 행동을 바꾸도록 강요하지 않고 자연스럽게 무의식에 파고들어가 스스로 행동에 변화를 주게 만드는 요소다.
내가 운영 중인 브랜드에도 이런 장치를 접목할 방법은 없을까 하는 고민이 깊어진다.

통해 잠시나마 자신을 돌아보게 되는 게 더 중요하다고 생각합니다. 세상이 하루아침에 확 달라지진 않겠지만 한 분이라도 의식의 변화가 생긴다면 그걸로 충분합니다."

이 말을 듣고 나는 잠시 멍해졌다. 투숙객들이 몰래 쿠폰을 쓰고 안 쓰고는 크게 중요하지 않다. 그보다 더 중요한 것은 평소 놓치고 있던 것을 인지시키고, 스스로 변할 수 있는 동기를 부여한다는 것이다. 여기에 깜짝 놀랄 만한 지표가 있다. 호텔 내부 데이터에 따르면 E&G 박스 쿠폰 사용률은 30~40%에 육박한다고 한다. 코로나 이전에는 카푸치노호텔 투숙객의 절반 이상이 외국인이었는데, 당시에는 쿠폰 사용률이 40~50%까지 올라가기도 했다. 그중 30%가 쿠폰 교환을 하지 않고 기부했다고 하니 놀라운 수치다. 이렇게 카푸치노호텔은 우아한 방법으로 일회용품 사용을 줄여나가고 있다.

이 외에도 장기투숙객들이 여행 도중 새로 구입한 물품들로 인해 캐리어의 짐이 많아져 퇴실할 때 옷을 버리고 가는 경우가 많은데, 카푸치노호텔은 이를 버리지 않고 기부한다. 이를 위해 1층에 '옷 기부함'을 배치해두었다. 이 옷들은 한 트럭 분량이 차면 '옷캔'이라는 비영리 단체에 전달한다. 하나의 특정 객실은 모두 리사이클링 제품으로만 디자인한 곳도 있다. 플라스틱 배출을 줄이

1 의류기부함　**2** 재활용이 가능한 샴푸 디스펜서　**3·4** 리사이클링 제품만 활용한 객실

카푸치노호텔은 고객에게 환경보호를 '강요'하지 않고 자연스럽게 '자발적인 참여'를 유도한다.
게다가 자신들이 먼저 말보다 행동으로 보여주기에 고객들에게 깊은 인상을 심어준다.

고 환경을 보호한다는 점을 강조하기 위해서다. 조명부터 침대 프레임, 옷장, 의자 등 모두 버려진 것들을 재활용했다. 골동품 가게처럼 느껴질 수도 있지만 실제로 경험해보니 그런 인상은 전혀 들지 않았다. 또한 샤워실에는 당연히 펌프식 용기에 담긴 샴푸가 비치되어 있는데 누군가 샴푸 뚜껑을 열어 이물질을 넣는 사고를 방지하기 위해 '제네바그린'으로 모두 교체했다. 제네바그린은 다 쓴 샴푸 통을 모두 수거한 뒤 100% 재활용하기에 쓰레기 배출이 되지 않는 곳으로 유명한 브랜드다.

객실에서 고객들이 마시고 버린 생수 페트병을 모두 수거해 크리스마스가 되면 그 생수병으로 대형 트리를 만들어 로비에 전시한다. 이 호텔에 출입하는 모든 사람들에게 은근하게 메시지를 전달하는 우아한 방법이다. 게다가 리사이클링 제품과 가구를 활용해 꾸민 객실도 있을 정도다. 이처럼 이들은 강요하지 않는다. 한 번 생각하게 하고 스스로 깨닫게 만들어 행동의 변화를 유도한다. 그리고 이 과정에서 인상 깊다는 생각이 드는 순간 사람들은 너나 할 것 없이 앞다투어 다른 사람들에게 알리기 시작한다.

일회용품을 줄이는 것뿐만 아니라 다방 면으로 환경보호에 힘쓰고 있는 카푸치노호텔은 어디에서도 적극적으로 시도하지 않던 2015년부터 묵묵히 이런 일을 해오고 있었다니 그저 놀라울 따름이다. 이런 진심 어린 행보 덕에 카푸치노호텔은 외국인 투숙객은 물론 내국인 투숙객에게도 사랑받는 공간이 되었다. 환경 보호와 메이킹 머니, 두 마리 토끼를 모두 잡은 셈이다. 이들의 움직임을 보며 또 한 가지 재미있는 메이킹 머니 인사이트를 얻을 수 있었다.

강요하지 않고 원하는 결과를 끌어내는 법

이 세상은 자꾸 우리에게 무언가 팔려고만 한다. 집 안에서는 온라인을 통해, 집 밖에서는 눈길 닿는 모든 곳에서 '이거 사세요!'라고 강요한다. 각자 자신의 상품이나 서비스가 얼마나 매력적인지 뽐내기에 바쁘다. 그럴 때마다 우린 냉소적인 반응을 보인다. 이미 우리에게 구매를 강요하는 광고와 콘텐츠를 너무 많이 접했기 때문이다. 하지만 카푸치노호텔은 고객을 상대로 절대 강요하지 않는다. 오히려 자발적으로 행동에 옮기게 한다. 도대체 어떤 마법을 부린 것일까?

그 마법의 핵심은 바로 이것이다. '팔려고 하지 않고 사고 싶게 만드는 것!' 이 말의 뜻은 상대방에게 무언가 제안할 때는 상대방 '스스로 움직이게 해야 한다'는 것이다. 이를 위해서는 상대방의 마음을 열어야 한다. 그래서 강요하면 더더욱 효과가 없다. 팔려고 한다는 것은 상대방의 입장이 아닌 철저히 판매하는 '나'의 입장에서 이야기하는 것이다. 반면에 사고 싶게 만드는 것은 판매하는 '나'의 입장이 아닌 상대방의 입장에서 이야기하는 것이다. 이 차이를 명확하게 알아야 한다. 의외로 많은 상품이 '판매자'의 입장에서만 이야기한다. 그러니 자신의 제품과 서비스가 얼마나 위대한지에 대해서만 이야기할 뿐이다.

이를테면 시계의 탁월한 방수 기능에 대해 이야기한다고 가정해보자. 만약 당신이라면 뭐라고 이야기할 것인가? 타사 제품과 방수 등급을 비교하며 자신의 제품이 기능적으로 더 우월하다는 사실을 이해하기 어려운 용어들을 나열하며 설명하기 바쁘다. 그런 다음 물속에 들어가도 문제가 없다고 쉽게 말해준다.

그러나 애플워치는 이 순서를 완벽하게 반대로 한다. 이들은 '어엿한 다이빙용 컴퓨터'라는 표현을 앞세운다. 이 말 하나로 '아, 물속에서도 안전하구나'라는 생각이 들고 동시에 '물에 들어갔을 때 다양한 기능들을 쓸 수 있구나'라며 쉽게 이해할 수 있다. 그런 다음 방수 등급을 비롯해 기술적인 이야기들을 구체적으로 이어간다. 순서만 바꿨을 뿐인데 빠르게 이해가 가며 더 흥미를 갖게 되는 이유는 뭘까?

상대방이 우선으로 듣고 싶어 하는 말은 전문가들만 알아들을 수 있는 방수 등급이 아니라 '그래서 물속에서 쓸 수 있다는 거야, 없다는 거야'에 대한 정보다. 상대방이 듣고 싶어 하는 말을 먼저 해준 다음 그 말의 근거를 상세히 이야기해주는 게 좋다. 내가 하고 싶은 말만 하면 그것은 '강요'다. 다시 말해 물건을 팔려고만 하는 것처럼 느껴진다.

그러나 상대방이 원하는 말을 먼저 하면 '관심'으로 바뀐다. 상대방에게 도움이 된다는 이야기를 해주면 상대방이 조금 더 호의적으로 다가온다. 그렇게 서서히 본인 스스로 '이거 사고 싶다'라는 생각이 들게 하는 것이다. 자랑이 아닌 상대가 듣고 싶어 하는 말을 했을 뿐인데 말이다.

조금 더 쉽게 이야기하면, 사람 간의 대화에서도 위와 같은 방식은 똑같이 적용된다. 만날 때마다 자기 이야기만 쏟아놓는 사람들이 있다. 처음엔 10분이고 20분이고 들어줄 수 있다. 그러나 길어질수록 듣기 힘들어진다. 반대로 자신의 이야기보다는 상대방의 이야기에 귀 기울이는 데에 능한 사람이 있다. 이들은 상대의 이야기를 잘 파악하고 기억해두었다가 상대방을 위한 이야기 혹은 듣고 싶어 하는 이야기를 적재적소에 하는 능력이 있다. 대게는 이런 사람들과 이야기를 나누고 나면 '나 저 사람이랑 너무 잘 통해'라며 급격하게 호감을 갖게 된다. 그들이 한 거라곤 '들어주는 것, 그리고 듣고 싶어 하는 말을 해준 것'뿐이었는데 말이다.

이게 만약 사람이 아니라 브랜드라면 어떻게 될까? 다시 말해 브랜드가 자신의 이야기만 전달하는 게 아니라 먼저 고객의 이야기를 듣고, 고객이 듣고 싶어하는 말을 한다면 어떨까? 그 위력은 상상에 맡기겠다.

그렇다면 우리는 상대방이 듣고 싶어 하는 말을 어떻게 알 수 있는지 생각해봐야 한다. 뇌과학과 심리학에 자주 등장하는 내용이 있다. 대개의 사람은 손해 보는 것을 극도로 싫어한다. 그리고 자신이 확실하게 얻을 수 있는 무언가가 있다면 자발적으로 행동하게 될 확률이 높아진다는 것이다.

따라서 나의 제품과 서비스의 우월함을 내세우는 게 아니라 우리 것을 이용했을 때 상대방이 얻는 것을 먼저 전달해야 한다. '우리 사과는 유기농이라 인체에 무해해요'가 아니라 '우리 아이의 아침을 건강하게 챙겨줄 수 있어요. 우린 유기농 사과거든요' 라고 말하며 '농약 걱정 없이 아이의 아침을 챙길 수 있다'는 이득을 먼저 짚어주는 것이다. 브랜드의 이미지가 선명해지는 것은 덤이다.

아주 중요한 점이기에 거듭 강조한다. 상대방을 내가 원하는 방향으로 이끌고 싶거든 내가 '먼저' 상대방이 듣고 싶어 하는 이야기를 들려주어야 한다. 그리고 상대가 듣고 싶어 하는 것은 어떤 이득을 취할 수 있는지 혹은 어떤 피해를 보는지 둘 중 하나다. 상대방이 듣고 싶어 하는 말을 파악하는 방법은 크게 두 가지가 있다.

상대가 원하는 '맞춤 대답'을 제시하라

첫 번째 방법은 인간의 욕망에 대해 이해하는 것이다. 앞서 이야기했듯이 사람들이 듣고 싶은 이야기는 자신이 이득을 취할 수 있는지, 그리고 피해를 보지 않는지 둘 중 하나다. 여기서 조금 더 구체적으로 들어가면 인간이라면 당연히 관심이 갈 수밖에 없는 게 있다. 이를 편의상 '인간의 4대 욕망'이라고 표현하자. 인류의 역사를 돌이켜봐도, 현대의 삶을 돌이켜봐도 대부분의 인생사는 이 안에서 돌아간다고 해도 과언이 아니다. 그건 바로 건강과 아름다움, 부와 돈, 사랑과 관계, 재미와 학습이다.

건강과 아름다움에 관한 욕망은 건강하게 살고 싶은 마음과 남들보다 더 멋지고 아름다워지고 싶은 마음이다. 부와 돈에 관한 욕망은 목표를 이루고 싶은 마음, 성공하고 싶은 마음, 돈을 많이 벌고 싶은 마음, 더 성장하고픈 마음이다. 사랑과 관계에 관한 욕망은 예쁘고 멋진 이성과의 관계, 그리고 성생활, 원만한 대인관계를 갖추고 싶은 마음, 무리에서 인정받고 싶은 마음, 외로움에 대한 두려움 등이다. 재미와 학습에 관한 욕망은 새로운 것에 대한 지적 호기심과 탐구, 지루한 것보다는 당연히 재미있는 것, 스트레스를 해소하고픈 마음이다.

어떤가? 실제로 우리가 원하는 것들이 전부 이 안에 들어 있지 않은가. 지구상의 모든 인간은 이 '4대 욕망' 때문에 울고 웃으며 살아간다. 건강과 아름다움은 나이대에 따라 세부적으로 약간의 차이가 있을 수 있다. 이를테면 10대가 생각하는 아름다움과 50대가 생각하는 아름다움은 결이 다르다. 10대의 아름다움은 그야말로 꽃다운 나이에 더 아름다워지고 싶은 욕망일 것이다. 그러나 50대의 아름다움은 노화 속도를 최대한 늦춰 젊은 날의 영광을 계속 유지하고 싶은 욕망일 가능성이 크다.

그러면 우리는 똑같은 '건강과 아름다움'에 대해 이야기하더라도 상대가 듣고 싶어 하는 게 다르다는 것을 알 수 있다. 이 개념을 이해하면 상대가 어떤 말을 듣고 싶어 할지 빠르게 파악할 능력이 생긴다.

어떻게 그걸 일반화할 수 있느냐고 의아해할 수도 있다. 그러나 노벨경제학상을 수상한 최초의 심리학자 대니얼 카너먼Daniel Kahneman에 따르면 기술은 발전했을지 몰라도 인간은 바뀌지 않는다. 인간은 이성이 아닌 감정에 따라 의사결정을 내린다. 그렇기에 이 '감정'을 건드리는 제안을 상대방에게 한다면 내가 원하는 방향으로 이끌 수 있다. 그 감정을 건드리는 가장 빠른 방법이 바로 이 '4대 욕망'을 이해하고 상대가 듣고 싶어 하는 이야기를 꺼내주는 것이다.

상대방이 듣고 싶어 하는 말을 파악하는 두 번째 방법은 검색을 통해 찾아보는 것이다. 요즘은 정보가 사방에 지천으로 널려 있다. 사람들이 어떤 말을 듣고 싶어 하는지 조금만 검색해봐도 다 나와 있는 세상이다. 만약 내가 취급하는 제품, 서비스, 공간이 있다면 이렇게 해보자. 별다른 시장조사를 하지 않고도 고객이 뭘 원하는지 아주 빠르게 찾을 수 있다.

한 가지는 경쟁사 리뷰 해킹이다. 저마다 각자가 생각하는 경쟁사를 마음에 품고 있을 것이다. 그러면 그 경쟁사를 검색해 들어간다. 그리고 그들이 판매하는 제품의 리뷰를 체크한다. 이때 주의할 점은 별점 5점짜리를 보라는 게 아니다. 반대로 별점 1점, 2점짜리를 보는 것이다. 대부분 화가 잔뜩 나 있을 것이다. 거기에 힌트가 숨어 있다. 무엇 때문에 고객이 화가 났는지, 어떤 게 해결이 안 되었는지를 다수 파악할 수 있다. 그중에는 당연히 일방적인 비난도 있을 것이다. 그런 것들은 담아두지 말고 넘겨라. 우리는 별점 1점, 2점짜리 댓글이 말하는 부정적인 내용과 '반대로' 행동하면 된다.

이를 유튜브에도 똑같이 적용할 수 있다. 경쟁자라고 생각하는 사람 혹은 브랜드를 3~5개 정도 뽑아둔다. 그리고 그 채널에 들어가 그들이 다루는 콘텐츠를 싹 다 본다는 생각으로 차근차근 살펴본다. 대부분의 콘텐츠 구조는 이렇다. '유익하고 재미있는 콘텐츠를 깔아둔다. 흥미를 갖고 보게 만든다. 다른 영상도 보여준다. 서서히 브랜드에 스며들게 만든다. 링크를 걸어둔다.' 이 일련의 과정을 우리가 밟아가고 있는 것인데, 그렇기에 모든 영상의 댓글을 살펴보는 게 중요하다. 거기에서 사람들의 반응을 살펴보는 것이다. 일방적인 악플을 제외하고 사람들이 어떤 의견을 내는지, 어떤 반응을 보이는지를 보면 된다.

여기서 중요한 것은 경쟁자나 경쟁사에 달린 비방글을 보며 내가 대신 상처를 받거나 지레 겁부터 먹으면 안 된다는 점이다. '나한테도 이런 글이 달리면 어쩌지'라는 두려움은 충분히 이해한다. 나 또한 그랬으니까. 그러나 마음 단단히 먹어야 한다. 그 정도 글이 달린다는 것은 그만큼 판매가 이뤄지고 있고, 관심을 받고 있다는 것이니 긍정적인 신호다.

우리의 목적은 딱 하나뿐이다. '나의 고객은 무엇을 듣고 싶어 할까?' 이것 하나만 찾는 것이다. 잊지 말자. 상대방에게 팔려고 하지 말고 상대방이 스스로 사고 싶게 만들어야 한다는 것을. 그래야 메이킹 머니가 훨씬 더 수월해진다.

Making Money Ideas

★ 상대방에게 강요하지 않고 자발적으로 행동의 변화를 가져올 수 있도록 나는 '상대방의 입장'에서 생각해본 적이 있는가?

★ 파는 게 아닌 '사고 싶게' 만들기 위해서는 상대방이 원하는 게 무엇인지 먼저 생각해야 한다.

폐교가 숙소로 바뀌면
벌어지는 일

서울에 뜨겁다 못해 팔팔 끓는 동네가 있다. 바로 성수동이다. 이 동네가 처음으로 뜨기 시작한 시절을 돌아보면, 당시에도 범상치는 않았다. 지금이 2023년이니 한 8~9년 전이었을 것이다. 그 시절의 성수동에는 오래된 공장들이 즐비했고, 가죽제품을 찾을 때나 한번씩 보러 가는 동네였다. 지금처럼 젊은 사람들이 북적거리고 소위 온갖 '힙'한 것들이 모여 있는 그런 곳이 아니었다. 그런데 재미있는 일이 하나 터졌다. 이것이 없었다면 지금의 성수동도 없었을 것이다.

성수동에 버려진 정미소 창고가 복합문화공간인 '대림창고'로 대변신하면서 사건이 시작되었다. 아무도 눈길을 주지 않던 정미소에서 패션쇼가 열리고, 대형 브랜드들이 팝업 행사를 열기도 하면서 '성수동 하면 대림창고'라는 말이 자동반사적으로 튀어나왔다. 대림창고의 카페 공간은 늘 발 디딜 틈이 없을 정도가 되었다. 모던하고 멋진 공간이 아닌 정미소 창고와 콘텐츠가 만나니 그 어디에서도 볼 수 없던 공간이 탄생한 것이다.

재미있다는 것은 곧 익숙하지 않다는 것

그리고 얼마 지나지 않아 또 하나의 사건이 터졌다. 이번에는 버려진 금속 부품 공장이다. 아무도 신경 쓰지 않던 이 자리는 그 유명한 '카페 어니언 성수'로 다시 태어났다. 오래된 건물을 굳이 허물고 새로 짓지 않았다. 과거의 모습을 그대로 살리면서 '카페'라는 콘텐츠와 접목시킨 것이다. 당시만 해도 카페라고 하면 멀끔하고 모던한 디자인 혹은 정형화된 대형 프랜차이즈가 일반적이었다. 그에 반해 카페 어니언 성수는 충격 그 자체였다. 지금은 성수동의 상징이 되었고 오늘날도 여전히 뜨거운 공간 중 하나다.

당시만 해도 임대료가 살인적으로 오르기 전이었기에 자기만의 색을 표현하고 싶은 사업자들에게는 매력적인 동네였을 것이다. 물론 난이도가 있지만 버려진 공간에 자신만의 새로운 콘텐츠가 합쳐지면 독특하고 매력 있는 공간으로 만들 수 있었다. 그렇게 성수동 곳곳에 폐공장, 폐건물, 버려진 공간을 심폐소생술로 살려낸 재미있는 공간들이 쏟아지기 시작했고, 지금은 뜨겁다 못해 팔팔 끓는 핫플레이스로 동네 전체가 브랜딩되었다. 하늘 무서운 줄 모르고 치솟은 성수동의 임대료에도 불구하고 여전히 독특하고 재미있는 공간들이 태어나고 있다는 게 놀라울 따름이다.

사람이 모이는 곳은 시장이 형성되고 돈이 흐르기 마련이다. 그렇다면 이 동네에 사람들의 발길이 끊이지 않는 이유는 왜일까? 혹은 왜 그렇게 이 동네를 '재미있다'고 느낄까? 여기에 대한 비밀을 알아내면 여러분이 하는 브랜드, 공간 혹은 앞으로 할 창업에 바로 적용해 메이킹 머니를 할 수 있다. 한참을 고민하던 나는 춘천의 어느 한 숙소에서 그 힌트를 찾을 수 있었다.

폐교와 숙소, 의외의 조합이 쏘아 올린 결과

이곳은 문을 열 때부터 상당히 화제였다. 나도 이곳을 방문하기 위해 여러 차례 예약을 시도했으나 늘 만실이었다. 그러던 어느

춘천에 있는 오월학교의 입구 모습으로 어른 문과 어린이 문이 함께 있다.
학생 수 부족으로 폐교되어 오랫동안 방치되었던 이곳이 인기 숙소로 다시 태어났다.
마치 성수동의 폐공장들이 새로운 콘텐츠가 더해져 발길이 끊이지 않는 공간으로 바뀐 것처럼.

날 우연히 자리가 비어 바로 예약할 수 있었다. 이곳에는 늘 사람들이 끊이지 않으며, 한 번 방문한 뒤 다시 가고 싶다는 사람들의 후기가 한목소리를 낸다. 이곳의 이름도 매우 독특한데 '오월학교'다. 숙소 이름이 오월학교라니 고개가 갸우뚱해진다.

이곳은 학생 수가 점점 줄어들어 결국 문을 닫게 된 오래된 초등학교다. 1층짜리 아담한 건물로, 폐교 전에는 교실 두 개와 강당 하나가 있었다고 한다. 교실이 있던 곳은 카페 공간으로 다시 태어났다. 실제 교실 바닥재로 사용했던 자재를 재사용해 카페를 만들었다고 하니 의미가 더 크다. 작은 강당이었던 곳은 다섯 개의 객실로 다시 태어났다. 과거 급식실이었던 공간은 레스토랑으로 바뀌었고, 목공 클래스도 운영한다. 학교가 '배움의 장'이듯 오월학교에서는 목공을 배울 수 있다.

학교와 숙소의 만남이 익숙하지 않은 조합이긴 하지만 의외로 새로운 경험을 만들어내기도 한다. 바로 '요즘 느끼기 어려운 따뜻함'이다. 어쩌면 '향수를 불러일으키는 따뜻함'일지도 모르겠다. 보통의 호텔은 '사적인 것'을 무엇보다 중요시하기에 다른 투숙객과 자주 마주치는 상황을 가급적 만들지 않으려는 시스템이다. 이는 호텔뿐만이 아니다. 아파트만 봐도 당장 내 옆집에 누가 사는지 잘 모르는 구조다. 어느 순간부터 우리는 콘크리트 벽을 사이에 두고 관계의 따스함을 잃어가는 것은 아닌가 싶다. 하지만 오월학교에서는 그럴 일이 없다.

학교만이 가지고 있는 특별한 공간이 있다. 그건 바로 '운동장'이다. 이곳은 다른 반 친구들뿐만 아니라 전교생과 함께 사용하는 공간이다. 에너지 넘치고 사람 냄새 나는 곳이다. 초등학교를 오월학교로 만들 때 운동장을 없애버리거나 주차장으로 만들지 않고 살려두었다. 나 어렸을 때 학교 모습이 생각난다. 좋든 싫든 일단 한 반에 30~40명의 학생이 서로 부대끼며 지냈다. 이런 교실이 수십 개씩 있었으니 급식실, 체육관 등 항상 누군가와 함께 공간을 사용해야 했다.

점심시간만 되면 운동장에서는 축구 골대가 두 개뿐인데도 최소 네 개의 축구 경기가 펼쳐지곤 했다. 공이 뒤엉키고, 골대마다 네 명의 골키퍼가 있었어도 서로에게 피해를 주지 않으며 양보와 배려를 배울 수 있었다.

이처럼 학교 안에는 '사람을 마주해야 하는 공유 공간'이 반드시 있다. 우리는 그 안에서 작은 사회를 배우고, 사람과의 관계 속에서 피어나는 따스함도 익힌다. 시험 성적과 진학이 아닌 학교가 가진 순기능 중 하나다. 오월학교에서 과거 폐교의 특성을 살린다는 취지로 교실이나 강당 같은 물리적인 공간만 풀어냈다면 다소 아쉬웠을 것이다. 이들은 조금 더 본질적으로 다가갔다.

학교는 곧 따뜻함이다. 체크인하기 전에 이를 먼저 느낄 수 있는 요소가 다름 아닌 운동장이다. 오월학교 운동장에서는 다른 투숙객과 자연스럽게 교류할 수 있는 접점이 생긴다. 실제로 보면 가족 단위 고객들이 많은데, 어린아이들이 엄청 행복해 보이는 표정으로 마음껏 운동장을 뛰어다니는 모습을 어렵지 않게 볼 수 있다. 운동장 곳곳엔 가족들끼리 가벼운 운동을 할 수 있도록 배드민턴 라켓 등의 체육용품도 준비되어 있다. 운동장 특유의 정겨움이 느껴진다. 운동장 자리를 주차장으로 활용하지 않고 투숙객들에게 내어줌으로써 학교의 분위기를 계속 이어가는 모습이 매우 인상 깊다.

정겨운 냄새 풀풀 맡으며 스테이 건물 안으로 들어가면 더 재미있어진다. 역시나 입구에 라운지 공간이 있는데 이 공간은 투숙객이라면 누구나 사용할 수 있다. 다 같이 둘러앉을 수 있는 공간과 간단한 요리를 할 수 있는 취사 공간이 있다. 심지어 접시나 컵, 식기류도 이곳에서 빌릴 수 있다. 객실 안에서 지극히 사적으로 시간을 보내다가 무언가 필요하면 다들 이곳으로 모이는 시스템이다. 보통은 둘 중 하나만 있는데, 오월학교에서는 공간을

오월학교의 전경(위), 오월학교의 투숙객 전용 라운지(아래)
공용 공간에서는 다른 투숙객과 마주칠 수밖에 없다.
이곳에서는 단절된 도시의 삶에서 느끼기 힘든 따뜻함이 느껴진다.
'학교'라는 공간이 가지고 있는 '따스함'이란 정체성을 고스란히 이어온 결과가 아닐까.

따뜻하게 하기 위해 사람들과의 접점을 만들어가는 모습이 돋보인다.

이제 이곳의 정점을 한번 살펴보자. 이곳을 예약하기 전에 바비큐를 별도로 신청할 수 있다. 아무래도 숙박비와 관계없이 추가 비용이 붙는 것이니 고민이 될 수도 있다. 공간을 기획하고 관찰하는 사람으로서 왠지 이곳의 바비큐는 예사롭지 않을 것 같아 신청해두었다. 그리고 역시는 역시! 안 했으면 후회할 뻔했다. 단순히 그냥 고기만 구워 먹는 바비큐가 아니다.

특정 시간이 되면 운동장 옆 바비큐장으로 오라는 전화가 온다. 기쁜 마음으로 현장에 도착하면 앞서 운동장에서 뛰어놀던 아이들처럼 나 또한 뛰고 싶어진다. 왜냐하면 실제 캠핑 텐트를 설치해놓아 그 안에서 바비큐를 즐길 수 있기 때문이다. 초등학교 시절 운동장에 텐트를 설치하고 야영하던 보이스카우트와 아람단이 떠오르는 순간이다. 바비큐장 한가운데에는 불멍 존이 있고, 고기는 각자의 텐트 앞에서 굽는다. 사적인 공간과 공용 공간이 동시에 존재하는 셈이다.

낮에 운동장에서 뛰어놀던 아이들은 저녁이 되면 불멍 존 근처로 모여든다. 해가 지면 불꽃놀이를 할 수 있게 비품도 준비되어 있

오월학교의 바비큐장 모습과 장작이 타고 있는 불멍 존의 모습.
과거 국민학교였던 이곳은 우리들의 천진난만했던 초등학생 시절을 떠오르게 만든다.
학교와 숙소가 만났으니 가능한 결과다.

으니 아이들에게는 그저 천국일 수밖에. 불멍 존 가까이에는 장작을 쌓아두었는데, 불이 꺼지지 않도록 계속해서 서로 장작을 넣어줘야 한다. 서로 모르는 투숙객이라도 이때 말문을 트게 된다. 아이들은 서로 자기가 장작을 넣어보겠다며 줄을 서기도 한다. 바비큐 재료를 제공할 때 은박지에 싼 감자와 고구마도 함께 준다. 불멍 존에 넣어 구워 먹는 맛이란! 자연스럽게 불멍 존으로 모일 수밖에 없다.

오월학교는 세상과 단절된 곳에 위치해 있지만 전체적으로 따뜻함을 느낄 수 있다. 해맑은 얼굴로 행복하게 뛰어노는 아이들의 웃음소리와 이곳에서만큼은 모든 근심 걱정 잊어버리고 쉬는 어른들. 오월학교에 있는 동안 도시에서 느끼는 사람에 대한 차가움은 찾아볼 수 없다.

과거 아이들의 웃음소리가 끊이지 않던 초등학교가 폐교되고 다시 숙소로 태어난 오월학교. 기존의 '학교'라는 공간적 특징과 정서적인 특성을 지우지 않고 그대로 계승해 어디서도 쉽게 볼 수 없는 숙소이자 가족들의 안식처가 되었다. 이렇게 익숙하지 않은 조합이 의외의 '참신함'을 만들었고, 이런 참신함은 사람들의 흥미를 유발해 오월학교를 찾게 하는 원동력이 되었다. 마치 성수동이 그랬던 것처럼.

의외성이 사람을 불러모은다

하루가 다르게 새로운 것, 자극적인 콘텐츠가 쏟아지는 세상이다. 한국소비자원에 따르면 1인당 하루에 노출되는 광고는 3,000여 개라고 한다. 우리는 알게 모르게 수많은 정보에 둘러싸여 있다. 이런 치열한 경쟁을 뚫고 단 1초라도 사람들의 관심을 끌기 위해 수많은 기업과 브랜드는 막대한 비용을 사용한다.

그렇다면 어떻게 해야 사람들의 흥미를 유발할 수 있을까? 간단하다. 익숙하지 않은 것들을 조합해 '의외성'을 만들어내는 것이다. 의외성은 우리가 평소 하던 예측에서 완전히 빗나갔을 때 생긴다. 앞서 이야기했던 '대림창고'만 봐도 알 수 있다. 정미소 창고 건물에서 우리가 예측할 수 있는 것은 사실 없다. 그러나 여기에 복합문화공간이 들어서니 확실한 의외성이 생겨 사람들의 이목을 끌 수밖에 없다. '폐공장+카페=카페 어니언 성수'가 되고, '폐교+숙소=오월학교'가 되었다.

아이폰이 처음 세상에 발표되었을 때도 비슷했다. 스티브 잡스는 아이폰을 이렇게 설명했다. "MP3, 인터넷, 카메라를 모두 합쳤다. 그게 바로 아이폰이다." 따로따로 들고 다녀야 했던 것들이 하나로 합쳐지다니! 당시엔 정말 혁신이었다. 여기서 스티브 잡스가 발명해낸 것은 아무것도 없다. 대신 그는 기존에 있던 익숙한 것들을 조합하고 거기에 새로움을 한 스푼 추가해 익숙하지 않은 결과물을 만들어냈다. 이처럼 '무에서 유'보다는 '유에서 또 다른 유'가 되었을 때 '의외성'을 띄게 된다.

보통 우리는 완전히 새로운 것만이 '창의적'이라고 생각한다. 자동차, 전구, 비행기 등이 대표적이다. 그러나 이는 오랜 시간과 비용을 투자해야 한다. 아무나 할 수 있는 게 아니다. 게다가 앞서 말한 아름다운 사례와 달리 새로운 것이라 하더라도 너무 앞서나가면 정작 대중들의 선택을 받지 못한 채 이내 시장에서 사라지는 안타까운 일이 벌어지기도 한다. 의외성을 만들기 위해 우리가 할 수 있는 것은 기존에 존재하는 것들을 조합하는 것이다. 이때 이 조합은 예측이 불가능할수록 파급력이 더욱 커진다.

이를테면 기차와 호텔이 합쳐져 움직이는 호텔 '레일크루즈 해랑'이 탄생하고, 염전과 카페가 합쳐져 소금빵을 주력으로 내미는 익선동의 '소하염전'이라는 엄청난 인기를 끌고 있는 카페가 태어나고, 운송 시스템과 세탁이 합쳐져 마감 시간 상관없이 모바일로 세탁을 맡길 수 있는 '런드리고'라는 서비스가 생겨났다. 이곳은 2022년 300억 원의 투자 유치까지 성공시켰다. 이 외에도 유사한 사례는 수도 없이 많다.

그렇기에 사람들의 폭발적인 관심을 끌어 메이킹 머니를 하고자 한다면 '의외성 전략'을 한번 고민해보는 것도 방법이다. 내가 하고자 하는 일과 어떤 것을 조합해야 할지 말이다. 절대 어울릴 것 같지 않던 학교와 숙소의 조합처럼 익숙하지 않은 조합일수록 의외성은 더욱 강해진다. 잊지 말자. 기존에 있던 것들을 적극 활용하되 익숙하지 않은 조합을 찾아내야 한다는 것을. 그러나 너무 조합에만 집중해 정작 업의 본질을 놓치는 실수는 하지 않도록!

Making Money Ideas

★ 내가 '오, 특이한데?'라고 했던 사람, 공간, 브랜드 리스트를 종이에 쭉 적어보자.
★ 적었으면 그들이 어떤 조합으로 이뤄졌는지 살펴보자. 생각나지 않는 것은 과감히 패스하고 생각나는 것 먼저 적는 게 중요하다.
★ 그렇게 어떤 조합으로 이뤄졌는지 감이 잡히기 시작하면 이번에는 나 자신에게 적용해보자.

호텔 객실에 있는 침대,
싹 치워라

의심이 없으면 진보도 없다. 그러니 의심해야 한다. '정말 이게 최선일까?', '진짜 이게 맞을까?'라고. 물론 이렇게 살면 피곤할 수 있다. 그냥 주어진 대로 순응하며 사는 것도 나쁘지 않다.

그러나 적어도 이 책을 읽고 있는 여러분은 남다르다. 누구도 하지 않은 시도를 두렵지만 기어코 해내려 하고, 남들보다 더 앞서 나가는 삶을 살고 싶은 욕망이 있다. 그렇다면 더욱 의심하며 살아야 한다. 의심에 미래가 있기 때문이다.

의심이 없었다면 우린 지금 어떤 삶을 살고 있을까? 인류는 더 빠르게 이동하기 위해 말을 타고, 마차를 이용했다. 거기서 '정말 말과 마차가 최선일까?'라고 의심하지 않았다면 지금의 자동차는 나올 수 없었을 것이다. 더 빠르고 편하게 갈 수 있는 방법을 찾기 위해 그저 좀 더 빠른 말을 고르고 있었을 것이다.

멀리 떨어져 있는 소중한 사람에게 소식을 전하기 위해 우리는 편지를 써서 보내곤 했다. 그런데 '더 빨리 보낼 순 없을까?', '실시간으로 소식을 주고받을 순 없을까?'라는 의심을 안 했다면 지금의 전화기, 더 나아가 휴대전화는 나올 수 없었다. 우린 그저 더 빠르게 편지를 배송해줄 무언가를 찾고 있었을 것이다.

이제 조금 감이 오는가? 글 서두에 '의심이 없으면 진보도 없다'라고 쐐기를 박은 이유도 여기에 있다. 평소 자기가 몸담고 있는 분야가 있다면 한번 돌이켜보자. 나도 모르게 당연하게 생각해온 것들이 정말 당연한지 말이다. 내 전문 분야인 호텔로 예를 들어보자.

호텔 객실 내에 있는 미니바는 비싸서 어차피 사람들이 잘 사 먹지 않는다는 것은 호텔 이용객들 사이에서 거의 불문율이다. 그렇다면 이것을 싹 다 무료로 바꾸는 방법은 없을까? 조식을 먹기 위해 평소보다 더 일찍 일어나는 게 과연 맞을까? 룸서비스가 아니더라도 조식을 방에서 편안하게 먹을 수 있는 방법은 없을까? 고객이 집에서 호텔까지 편하게 오갈 수 있도록 유료 픽업 서비스를 할 수는 없을까? 등등 생각해볼 수 있는 의심은 수도 없이 많다. 의심이 생긴다는 것은 그만큼 개선의 여지가 많다는 뜻이기도 하다.

지금껏 흔히 보지 못한 과감한 시도

그런데 이 생각은 해보지 못했다. 호텔 객실에 침대가 없다면? 놀랍게도 이것을 현실화한 호텔이 있다. 광명역 바로 근처에 대형 호텔이 하나 들어섰다. 테이크호텔이다. 이 호텔은 유독 객실 구성도 특이하고 호텔 내의 콘텐츠가 유별나다. 특히 광명 시민들의 문화적 허브가 되려는 움직임이 돋보인다.

호텔 안에 쿠킹 클래스 시설, 키즈룸, 각종 스튜디오, 갤러리 등이 있다. 신혼 가정을 비롯해 어린아이를 동반한 가족들이 많이 거주하는 지역 특성상 테이크호텔은 만남의 장이 될 수도 있다. 하지만 이는 시작에 불과하다. 광명 상권 외 지역에서도 고객을 유치할 수 있어야 한다. 그래서 테이크호텔은 지금껏 본 적 없는 과감한 시도를 했다.

첫째는 1인 객실이 있다는 점이다. 이 객실은 혼자 무언가 몰입해야 하는 프리랜서, 작가, 크리에이터에게 최적화된 객실이 아닐까 싶다. 더 신기한 것은 한 층에 열두 개의 1인 객실이 있는데 이것을 연결할 수도 있고 분리할 수도 있다. 쉽게 말해 어느 기업에서 워크숍 개념으로 1인 객실 열두 개를 빌렸다고 가정해보자. 이 열두 개의 객실을 모두 연결할 수도 있다는 이야기다. 그래서 객실 문을 열고 나오면 커다랗게 공용 거실이 생긴다. 이처럼 필요에 따라 공간을 늘리고 쪼갤 수 있으니 기업에서 워크숍 하기에도 적절하고, 작업에 몰입해야 하는 개인들에게도 꼭 필요한 객실 타입이다.

둘째는 객실 타입 종류가 워낙 다양하다는 점이다. 1인 객실뿐만 아니라 2인, 3인, 가족, 반려동물 동반 객실 등 다양한 고객군을 수용할 수 있다. 그리고 여기에 하나 더! 침대가 없는 객실도 있다. 이 객실은 'TAKE X'라 불리는데, 밤사이 파티하며 즐길 때 사용하는 용도로 디자인한 객실이다. '밤새 즐기기도 바쁜데 잠을 잔다? 그건 용납할 수 없지'라는 느낌이다. 그래도 샤워 시설은 모두 갖춰져 있다. 이 글을 쓰기 위해 나는 테이크 호텔에 두 번 투숙했는데 그중 하나가 'TAKE X' 객실이었다.

테이크호텔의 침대 없는 객실 'TAKE X'. 투숙까지 원하면 옆 객실과 연결해 예약할 수 있다.

이 객실의 재미있는 점은 하나 더 있다. 이 객실의 벽 쪽에 작은 간이 문이 하나 있는데 이 문을 열면 침실이 있는 일반 객실로 연결된다. 필요에 따라 객실을 연결해 예약할 수도 있다는 말이다. 그래서 이름이 'TAKE X'였던 것이다. 확장이 가능한 객실에 딱 어울리는 이름이다. 정말 체력이 좋아 밤사이 놀겠다면 'TAKE X'만 예약하고, 그래도 잠은 자야겠다면 옆 객실을 이어 예약하면 된다. 이 호텔의 매력은 공간의 연결과 분리가 가능하다는 점이다.

기존 호텔업계에서 쉽게 볼 수 없던 요소다. 지금까지의 호텔은 고객이 공간을 필요에 따라 붙였다 뗄 수 없는 구조였다. 애초에 건축할 때부터 고객 한 팀이 사용할 수 있는 물리적 공간을 정해 두었기에 객실을 연결하고 분리한다는 생각을 할 수 없었다. 간혹 테이크호텔처럼 객실과 객실을 연결할 수 있는 구조가 보이는 곳들이 있긴 했다. 그러나 테이크호텔처럼 넓은 다인용 파티 공간과 객실을 붙였다 뗄 때는 경우는 흔치 않다.

테이크호텔은 기존의 호텔 공간에 대해 의심했다. '필요하다면 공간도 변형할 수 있어야 해!'라는 생각을 했을 것이다. 그 덕에 고객의 요구에 따라 공간을 자유롭게 바꿀 수 있게 되었고, 우리와 같은 소비자 입장에서는 선택의 폭이 더 넓어진 셈이다.

실제로 묵어본 'TAKE X' 객실은 가히 충격적이었다. 정말로 침대 없이 최대 여섯 명까지 들어갈 수 있는 공간이며, 널찍한 소파와 커다란 TV, 그리고 여섯 명이 앉아도 거뜬한 다이닝 테이블과 와인셀러, 고가의 블루투스 스피커, 땀 흘리며 즐기다가 집으로 돌아갈 때는 쾌적하게 갈 수 있도록 샤워 시설까지 갖춰져 있다. 호텔에서 이례적으로 이런 시도를 했다는 것에 많은 영감을 받았다.

테이크호텔처럼 '오! 재미있는데?'라는 반응이 나오게 하려면 남들이 다 가는 방향이 아닌 '기존과 다른 방향'을 선택할 용기가 필요하다. 다시 말해 의심 없이 받아들였던 기존의 것들을 과감히 의심하는 것이다. 테이크호텔이 침대 없는 객실을 만들고, 객실과 객실을 연결한다는 개념을 호텔에 적용한 것처럼 말이다. 그렇다면 이런 아이디어를 어떻게 만들어낼 수 있을까? 앞서 강조했던 '의심하라'는 말과 이어진다.

생각지도 못한 아이디어가 쏟아지는 리프레임 법칙

의심을 하게 되는 이유는 '관점'이 달라서다. 만약 옆 사람과 관점이 같다면 서로 의심할 이유가 뭐가 있겠는가. 관점을 달리하면 기존의 것에서 '색다른' 아이디어가 나올 수 있다. 관점을 달리한다는 것은 이런 식으로 해볼 수 있다.

테이크호텔의 경우를 보자. 오랜만에 소중한 사람들과 밤사이 즐겁게 시간을 보내고자 하는데 호텔처럼 쾌적한 공간에서 함께하고 싶다. 그런데 기존의 호텔에서 그렇게 하려면 침대 수도 고려해야 하고 객실을 가장 큰 스위트룸으로 잡아야 하는데 비용 부담이 만만치 않다. 게다가 중간에 집으로 가는 사람도 있을 것이다. 테이크호텔은 호텔이라는 프레임에 갇히지 않고 파티룸으로 프레임을 다시 짰다. 리프레임한 것이다. 호텔 시설도 이용하면서 쾌적하게 즐기다 가는 것이다. '그런데 잠도 자고 싶으면 객실을 연결해 줄테니 편히 선택하세요!'라며 옵션을 넣어준다. 고객으로서는 참신하게 느껴질 수밖에 없다.

실제로 내가 했던 예를 들어보자. 이 책의 중간중간에 언급했던 커피 브랜드인 이드커피로 설명해보겠다. 우리나라에 있는 카페는 집계된 것만 2022년 기준 9만 4,000여 개다. 카페 공화국이란 말이 붙을 정도다. 이런 상황에서 살아남기 위해 커피의 맛만을 주장하거나 무작정 공간을 멋지게 만드는 것만이 능사일까? 이마저도 의심해봐야 한다. 이젠 관점을 바꿔야 할 때다.

이드커피는 '맛있는 커피 한 잔은 생각의 몰입을 돕는다'는 신념 아래 움직인다. 그래서 영감이 필요할 때, 사색에 잠길 때, 집중해야 할 때 어울리는 커피를 직접 로스팅하고 생각할 때 곁들이기 좋은 디저트를 개발했다. 그리고 카페 공간은 누구나 몰입할 수밖에 없도록 기획하고 디자인했다. '커피'가 필요한 순간을 파고들어 '생각과 몰입하는 경험'으로 프레임을 바꾼 것이다. 프레임만 달리했을 뿐인데 새롭게 느껴지지 않는가(물론 맛과 향 또한 훌륭하다고 자신한다).

애플의 움직임만 봐도 그렇다. 이들은 쉽게 말해 휴대전화와 노트북을 파는 곳이다. 그런데 이들은 들고 다니는 컴퓨터라는 물리적인 특징에 갇히지 않았다. 이들은 창의적인 일을 하기 위한 도구로 접근했다. 그러면 노트북은 더 이상 단순 노트북이 아니라 각자의 꿈을 펼치고, 표현하고 싶은 것을 마음껏 표현하는 스케치북이 된다. 애플이 나왔으니 하는 말인데, 실제로 과일 '사과'의 관점을 달리해 대박을 낸 사례가 있다.

1991년 일본에 전대미문의 태풍이 덮쳐와 사과 농사가 흉작이 된 해가 있었다. 일본에서 사과로 유명한 아오모리현에도 타격이 생겼다. 나무에서 떨어진 사과는 상품 가치를 잃었고, 농부들은 주저앉을 수밖에 없었다. 그나마 사과나무에 붙어 있는 사과라도 팔아야 하는 상황이었다. 이런 상황에서 '관점을 달리한 리프레임'이 엄청난 힘을 발휘했다. 모진 풍파 속에서도 굳건히 버틴 사과에 '합격'이란 프레임을 씌운 것이다. 그러자 놀라운 일이 벌어졌다. 사과가 기존 가격의 두세 배를 뛰어넘는 높은 가격으로 불티나게 팔리기 시작했다. 오히려 그해 매출은 평년을 훌쩍 넘어섰다. 그렇게 아오모리 합격 사과라는 상품으로 리프레임해 위기를 극복했다.

애플의 광고만 봐도 알 수 있다. 이들은 기능을 강조하지 않는다. 이걸 사용했을 때 어떤 일이 벌어지는지를 보여준다. 누군가는 열심히 영상을 편집해 자신의 영향력을 키워나가고, 누군가는 복잡한 도심 속에서 이어폰 하나로 자기만의 세계에 빠져들고, 누군가는 멋진 그래픽 작업으로 사람들에게 인정받는 모습을 보여준다.

고객이 원하는 본질을 꿰뚫어라

이처럼 기존의 프레임에서 벗어나 리프레임하기 위해 우리가 해야 할 것은 딱 하나뿐이다. 지금 내가 하고자 하는 일 혹은 하고 있는 일의 본질이 무엇인지 각자의 스타일대로 재정의하는 것이다. 비즈니스맨이 자주 방문하는 고급 중식당을 운영한다고 가정해보자. 맛은 당연히 기본이어야 하고, 이곳의 음식과 서비스를 제공받음으로써 고객이 데려온 귀빈들과의 관계가 더욱 두터워져 일이 성공적으로 풀리게 돕는다고 생각해볼 수 있다. 단순 중식 판매를 넘어 '한 끼 식사를 통해 성공적인 관계를 쌓게 돕는다'라며 업의 본질을 재정의해볼 수 있다.

기존의 중식당들과는 확연히 다른 플레이를 전개할 수 있다는 기대가 벌써 느껴진다. 음식 설명은 어떻게 하며, 어떤 요리 코스를 개발할지, 고객 응대는 어떻게 할지 선명하게 그려진다. 리프레임이 강력한 이유다. 그러면 앞으로 어떻게 서비스하고 음식이 나갈 때 어떤 이야기를 들려줘야 하는지 등등 모든 것이 재정의된다. 기존의 프레임 밖으로 나가게 되는 셈이다.

호텔의 경우라면 단순히 객실을 판매하고 그치는 게 아니라 이곳에 오면 그간 바빠서 대화를 나눌 시간조차 없던 커플에게 '서로를 알아가고 행복한 시간을 만들어준다'는 개념으로 업의 본질을 재정의할 수 있다. 그러면 호텔에 소속된 모든 직원들은 '행복메이커'가 되어 각자의 위치에서 역할을 다하면 된다. '숙박'이라는 프레임에서 벗어나 '행복을 만드는 일'로 리프레임한 것이다. 그러면 기존의 문법대로 움직이지 않으니 당연히 동종업계에서 눈에 띌 수밖에 없다.

테이크호텔을 통해 배울 수 있었던 메이킹 머니 시스템은 기존의 것을 의심하고, 프레임 안에 갇히지 않고 탈출하기 위해 내가 몸담고 있는 업의 본질을 재정의하며 자연스럽게 리프레임되는 순간, 동종업계에서 찾아볼 수 없던 독보적인 존재로 다시 태어나는 것이다.

Making Money Ideas

★ 지금 나는 어떤 일을 하고 있는가? 그 일이 정체되어 있다는 생각이 든다면 무엇 때문일까?

★ 내가 하는 일로 사람들을 즐겁게, 기쁘게, 행복하게 만들어주고 있는가?

★ 그렇다면 나는 무엇을 위해 일하고 있는가? '돈'이라는 답은 잠시 내려두자.

모두에게
사랑받지 않을 용기

'단군 이래 가장 돈 벌기 쉬운 세상이다'라는 말은 3년 전에 나왔던 이야기다. 코로나19가 극심하게 확산되면서 전 세계는 물론이고 대국민 공포감이 조성되어 수많은 사람들이 일자리를 잃었다. 내가 속한 조직도, 국가도 나를 챙겨줄 수 없다는 것을 여실히 깨닫는 시점이었다. 그저 각자도생하는 수밖에.

그러면서 어느 순간부터 노트북만 있으면 어디서든 일하고 돈을 벌 수 있다는 사람들이 하나둘씩 등장하기 시작했고, 이는 감염

병보다 더 빠르게 확산했다. N잡의 시대가 펼쳐짐과 동시에 경제적 자유를 향한 '대퇴사의 시대'도 열렸다.

인스타그램, 유튜브 등 소셜 미디어에서 자기 자신만의 콘텐츠를 만들어 팔로워와 구독자를 모으고 더 많은 사람들에게 영향력을 행사하는 사람이 있는가 하면, 온라인 무자본 창업을 하겠다며 사무실도 없이 자기 집에서 노트북만 가지고 사업하는 사람들이 쏟아졌다. 고정적인 급여가 나오지 않는 불안정한 상황에서 스스로 메이킹 머니를 해야 하므로 이들의 관심사는 동기부여, 성장, 돈, 심리, 마케팅, 크리에이터로 좁혀진다. 이들의 공통점이 있다면 조직으로부터 독립한 사람들이라는 것이다. 그러다 보니 삶을 살아가는 관점 자체가 달라진다.

대퇴사의 시대, 그리고 디지털노마드

그간 수동적으로 살아왔다면 이젠 모든 것을 나 홀로 이겨내야 한다. 직장에 남아 있는 친구들과 고민거리를 이야기하다 보면 서로가 공감하지 못하는 시점이 오기 시작한다. 각자가 바라보는 삶의 관점이 다르기 때문이다. 그래서 독립하고 자신의 길을 헤쳐나가는 1인 크리에이터, 프리랜서, 시작한 지 얼마 안 된 창업

196

자들은 더욱 외로워질 수밖에 없다. 혼자 걸어가는 길은 두렵고 쓸쓸하지만 함께라면 이야기가 다르다.

만약에 나와 비슷한 일을 하는 사람들이 모여 있는 곳으로 찾아 떠난다면 어떨까? 굳이 약속하지 않아도 늘 그 자리에 모여 있다면? 서로 고민을 토로하며 위안을 얻을 수도 있고, 나보다 먼저 독립생활에 뛰어든 사람들로부터 귀한 노하우도 얻을 수 있다. 그리고 마음이 잘 맞는다면 서로 협업하며 또 다른 시너지도 기대해볼 수 있다.

게다가 유연한 조직을 만들 수도 있다. 프로젝트 하나를 위해 모였다가 프로젝트가 마무리되면 다시 각자의 위치로 돌아가는 그런 구조다. 자유롭게 좋아하는 일을 하며 살아갈 수 있는 삶, 비슷한 사람들끼리 모여 커뮤니티를 형성하지만 강압적이지 않고 유연한 결속력을 갖추게 된다.

이런 장소가 과연 있을까? 3초 동안 생각해보자. 바로 떠오르는 곳이 없다면 앞으로 할 이야기에 집중하기 바란다. 이곳은 디지털 노마드digital nomad를 비롯해 생산적인 활동을 하는 크리에이터들의 커뮤니티가 형성되어 있는 독특한 곳이다. 바로 '로컬스티치'다. 이곳은 과연 어떻게 메이킹 머니를 했을까?

함께 살고 함께 일하고

로컬스티치를 한 줄로 정리하면 '코워킹co-working, 코리빙co-living 플레이스'다. 즉 함께 살고 함께 일하는 공간이다. 한 달 단위로도 거주할 수 있으며 하루 단위로 투숙해볼 수도 있다. 꼭 거주가 아니더라도 멤버십을 구독하면 로컬스티치가 가진 공용 공간만 사용할 수도 있다. 이곳의 공간 구조는 객실 공간과 공용 공간으로 나뉘는데 이는 기존의 호텔과 유사하다.

그러나 로컬스티치가 독특한 것은 여타 호텔과 분위기가 사뭇 다르다는 점이다. 호텔은 쉬러, 그리고 놀러오는 경우가 대부분이다. 그러나 이곳은 그렇지 않다. 실제로 이곳을 제대로 파악하기 위해 투숙도 해보고 다섯 번 이상 방문하며 관찰한 결과 흥미로운 현상을 발견했다. 누군가는 맥주를 마시며 회의를 하고, 누군가는 열심히 코드를 짜고 있고, 그 옆에서는 헤드폰을 쓴 채 아이패드로 디자인 작업을 하고 있다. 창의적인 일을 하는 사람들이 잔뜩 모여 있다는 느낌을 단번에 받을 수 있다. 다들 열정적으로 무언가를 생산해내고 있다.

로컬스티치는 서울에만 20여 개가 넘게 있어서 다른 곳들도 방문해보았다. 분위기는 동일했다. 그래서 더욱 궁금해졌다. 어떻게 이렇게 비슷한 사람들끼리 모이도록 만들었을까? 인터뷰를 통해 재미있는 이야기를 알아냈다.

원래 이들이 처음부터 코워킹, 코리빙 플레이스를 시작한 것은 아니었다. 오래된 여관 건물을 개조해 '동네 호텔'을 만든 게 이들의 시작이었다. 보통의 호텔은 건물 안에 식음업장부터 피트니스센터, 세탁실 등 다양한 부대시설이 층별로 있는 수직적인 구조다. 그러나 당시 이들은 공용으로 사용할 수 있는 공간 외의 모든 부대시설을 건물 바깥에서 이용하도록 했다.

호텔의 레스토랑은 동네 맛집이 대신해주고, 카페도 당연히 동네 커피 맛집이 그 역할을, 세탁은 장인정신 가득한 동네 세탁소가 이를 대신했다. 동네의 콘텐츠를 하나로 잇는 것이다. 이름이 로컬local+스티치stitch인 이유다.

이들은 수직적인 호텔이 아닌 동네 자체가 호텔의 부대시설이 된다는 개념으로 접근했다. 이 방식이면 F&B 시설부터 운영 인력 등 비용을 대폭 절감하는 효과도 있고 공간 운영과 위생, 그리고 수면의 쾌적함에만 집중하면 된다. 게다가 투숙객 입장에서는 자연스럽게 동네를 더욱 진하게 경험할 수 있는 구조가 완성된다. 2013년 당시에는 꽤 신선한 충격을 준 공간이었다.

이곳에 오는 사람들은 일반 비즈니스호텔을 찾는 여행객과는 다소 거리가 멀었다. 지역을 진하게 경험하고 싶어 하는 여행객부터 디자이너, 사진작가, 아티스트, 예비창업자, 1인 사업가들이 주를 이뤘다. 이들은 이곳에서 일하는 동안 공간에 대한 제약을 받지 않는다. 투숙하러 왔다가 공용 공간에서 노트북을 펼쳐놓고 일을 한다. 그러다가 그곳에서 갑작스레 협업이 이뤄지기도 하는 놀라운 상황이 연출되었다. 그래서 1박, 2박을 예약한 단기 투숙객들이 점점 2주, 한 달씩 장기 숙박으로 전환했다. 이들의 역사는 그렇게 시작되었다.

로컬스티치는 동네 호텔 시절의 경험을 통해 자신들과 꼭 맞는 고객을 재정의했다. '셰프, 바리스타, 창업가, 작가, 디자이너, 기획자와 같이 직업에 국한되지 않는다. 우린 자신의 전문성을 연구하고 자신의 미래를 고민하며 생산적인 활동을 하는 도시생산자들'이라고 말이다. 가능성을 본 이들은 도시생산자들이 자유롭게 모일 수 있는 공간을 만들어가기 시작했다. 도시생산자들이 노트북을 들고 나와 로컬스티치로 모이기 시작했다. 그곳에 가면 나와 비슷한 사람들이 있기 때문이다.

아예 로컬스티치에 거주하는 사람도 많다. 객실의 형태도 1인실, 2인실 등 다양하다. 그래서 매달 월세를 내고 로컬스티치에 살면

1 로컬스티치 을지로의 코워킹 스페이스   2 1박 단위로 투숙 가능한 객실
3 로컬스티치 을지로의 크리에이터 타운

서 일도 하는 것이다. 거주자이건 공유 공간만 사용하는 멤버십 회원이건 로컬스티치의 모든 지점을 자유롭게 이용할 수 있으니 공간에 대한 제약도 없다. 게다가 도시생산자들이 주로 모이다 보니 혼자라는 것에 대한 두려움이나 외로울 일도 없다.

로컬스티치는 모두가 힘들었던 코로나19 시기에도 박차를 가했다. 을지로의 한 호텔 건물을 재활용해 대형 코워킹, 코리빙 스페이스를 만들어 '크리에이터 타운'이라고 이름 붙여 규모를 키우는가 하면, 엔데믹인 지금은 홍대 서교에 300객실가량 되는 초대형 로컬스티치를 오픈하기도 했다. 도시생산자들은 이들의 공간을 구독해 함께 일하고 함께 살며 함께 꿈을 향해 걸어간다. 로컬스티치의 사례를 보면서 우린 또 하나의 메이킹 머니 시스템에 대한 힌트를 얻을 수 있다.

모두를 안고 가지 않을 용기

'모두를 안고 갈 수 없다. 우리와 결이 맞는 사람과 함께 가겠다.' 우리는 이미 이 말의 의미를 알고 있다. 모두와 친해질 수는 없다. 나와 뜻이 맞는 사람과 함께했을 때 관계가 더욱 끈끈해지는 법이고, 희로애락을 함께하는 든든한 지원군이 된다. 그리고 내 곁에 있는 사람들이 곧 나를 표현하기도 한다. 브랜드와 공간도 마찬가지다.

'어떤 고객을 곁에 두는가'에 따라 브랜드의 이미지와 경험 자체가 달라진다. 특히 공간을 끼고 있는 브랜드라면 더더욱 그렇다. 로컬스티치는 '도시생산자들과 함께하겠다'라며 자신들과 함께 걸어갈 사람들의 폭을 과감하게 좁혔다. 그리고 이들은 그들과의 관계를 돈독하게 쌓아간다.

로컬스티치에 거주하는 그래픽 아티스트와 협업해 공간을 기획하기도 하고, 작은 브랜드를 막 만들기 시작한 멤버와 팝업 행사를 진행하기도 한다. 이들은 자신의 공간과 브랜드를 이용하는 사람들을 '단순 고객'으로 바라보는 게 아니라 '함께 성장'하는 '파트너'로 마주한다. 게다가 2013년에도 그랬듯이 로컬스티치의 멤버끼리 협업하며 색다른 무언가를 꾸준하게 생산해내고 있다. 도시생산자들을 위한 커뮤니티가 형성된 셈이다.

도시인들에게는 자신과 비슷한 사람들이 모여 있다는 것만으로도 큰 위안이 된다. 서로 독려하고, 함께 문제를 해결해나가며 이들 사이에는 보이지 않는 단단한 '결속력'이 생긴다. 그리고 이런 자리를 마련해준 '브랜드'에 대한 애정이 짙어지고 소위 말해 '찐

팬'이 된다. 한번 만들어진 커뮤니티는 본질을 흐리지만 않는다
면 기존의 사람들이 쉽게 떠나지 않기에 충성심 또한 강해진다.
수많은 브랜드와 기업이 이 커뮤니티에 관심을 보이는 이유 중
하나이기도 하다.

여기서 우리가 생각해봐야 할 것은 그러면 '어떻게 그런 커뮤니
티를 만들까?' 하는 고민이다. 여러 가지 방법이 있겠지만 가장
우선해야 하는 것은 두 가지 마음 자세다. 바로 '모두를 안고 가지
않을 용기'와 '나와 마음 맞는 사람들과 함께 가겠다는 다짐'이다.
로컬스티치가 자신들의 콘셉트를 '지역 특유의 감성을 느낄 수
있는 동네 호텔'에서 '도시생산자들의 아지트'로 구체화하고 타
깃을 좁히면서 폭발적인 성장을 한 것처럼, 내가 모셔야 할 고객
군을 대폭 좁히는 것이다.

그렇게 되면 그 사람들부터 만족시켜야 하기에 콘셉트가 더욱 예
리해지고, 어디에서도 쉽게 볼 수 없는 그림이 나온다. 단순히 '일
할 공간이 필요한 사람들'이 아닌 '디자이너, 기획자, 바리스타,
아티스트, 사진작가 등 창의적인 생산활동을 하는 도시생산자'들
이 이들의 고객이기 때문이다. 만약 고객군을 폭넓게 잡았다면
지금처럼 특색 있는 브랜드는 탄생할 수 없었을 것이다. 오히려
더 많은 자본을 쥐고 있는 기업에 잠식되었을 확률이 높다.

나와 맞는 사람들과 함께하겠다는 다짐

그렇다면 폭을 어디까지 좁히는 게 좋을까? 지금 내가 하려는 브랜드 혹은 이미 운영 중인 브랜드가 있다면 눈을 감고 생각해 보자. 그리고 나 자신에게 이렇게 질문해보자. '내가 200% 만족 시켜줄 수 있는 사람은 누구일까?' 여기서 '100% 만족'이 아닌 '200% 만족'인 이유는 내가 그만큼 확실하고 자신 있게 상대방을 만족시킬 수 있어야 그 한 명이 다른 두 명을 데려오기 때문이다.

스스로에게 위의 질문을 던졌을 때 떠오르는 사람이 단 한 명이 어도 좋다. 그 한 명이 친한 친구일 수도 있고, 가족일 수도 있으며, 직장 동료일 수도 있다. 누구든 상관없다. 혹은 한 명이 아닌 여러 명이 생각났다면 그들 사이에 어떤 공통점이 있는지 종이에 적어보자. 그 여러 명이 내가 만나보지 않은 상상 속의 인물이어도 좋다. 이 시점에서 예를 하나 드는 게 이해가 더 빠를 것 같다.

파티룸과 촬영 스튜디오를 겸하는 모임 공간 브랜드를 기획할 일이 있었다. 그런데 기존의 파티룸과 스튜디오 시장은 모두 비슷비슷해 보였다. 그도 그럴 것이 일반인들이 부업으로 많이 접하는 공간 사업의 한 형태이기에 월세를 최대한 낮추고, 공간에 들어가는 비용을 최소화해 수익을 극대화하는 전략으로 접근하기 때문이다. 그러다 보니 대개가 오피스텔, 오래된 건물의 지하에 자리하고 있어서 자연스럽게 비슷비슷한 공간이 나올 수밖에 없다. 더군다나 '브랜드'라고 볼 수 있는 곳은 없었고, 그저 부업의 한 일환 정도로 멈춰 있는 게 현 시장의 형태였다. 그래서 더더욱 다른 접근이 필요했다.

내가 가장 먼저 한 일은 바로 '고객군 좁히기'였다. 천편일률적인 시장에서 콘셉트를 확고히 다지기 위해 앞서 말한 대로 '200% 만족시킬 수 있는 사람'을 상상해보았다. 그러자 다음과 같이 정리되었다.

승진, 합격, 생일, 결혼, 출산 등등 우리는 축하할 일이 생기면 소중한 사람들과 기쁨을 나눈다. 나이가 20대 후반에서 30대 이상으로 갈수록 사람이 많은 곳은 살짝 머리가 아프다. 그저 우리끼리 아주 사적으로 감도 높은 공간에서 모이고 싶은데, 호텔을 잡자니 대부분 2~3인 전용이고, 객실을 두 개 잡자니 비용 부담도 있고 잠은 그냥 편히 집에서 자고 싶다. 게다가 누군가를 축하하는 날이니만큼 이왕이면 좋은 곳으로 가고 싶은데 일반 파티룸을 가자니 살짝 아쉽다.

한 줄로 정리하면 '경사로운 날 호텔처럼 감각적인 공간에서 소중한 사람들과 축배를 들고 싶은 분들'이 나의 고객군이다. 그렇게 해서 경사로운 날 축배를 들기 좋은 모임 공간인 '잔치집'이라는 브랜드가 탄생했다. 잔치집이라는 이름에서 풍기는 분위기와 걸맞게 조선시대 병풍의 민화에서 영감을 얻어 한국적인 분위기의 공간을 만들기 시작했다. 그렇게 되면 어떤 색감을 써야 할지, 어떤 가구와 어떤 자재를 활용해야 할지 명확하게 정리된다.

만약에 '파티할 공간이 필요한 사람'으로 접근했다면 어떻게 되었을까? 공간 기획은 물론이고 브랜드를 어느 방향으로 끌고 가야 할지 상당한 난항을 겪었을 것이다. 그렇기에 고객군을 대폭 좁히면 많은 것들이 해결되며, 200% 만족시킬 수 있는 고객들만 모이기에 실제 만족도도 올라갈 개연성이 높다. 그렇게 '찐팬'을 늘려나가는 것이다.

모두를 다 안고 갈 수는 없다. 덜어낼 건 과감하게 덜어내자. 내가 확실하게 만족시킬 수 있는 사람이 누구인지 생각한 후 그 사람들부터 챙겨보자. 마음이 맞는 사람들과 함께하면 일을 하기에도 훨씬 수월하다. 그렇게 하나둘씩 나 혹은 나의 브랜드를 진심으로 좋아하는 사람들이 모여 커뮤니티가 형성되면 그 안에서 또 다른 기회가 열린다. 한 번 모인 사람들에게 더 큰 행복을 안겨주기 위해 꾸준히 관심을 기울이고 본질이 변하지 않도록 관리해야 한다. 결국 브랜드와 결이 맞는 사람들이 많이 모일수록 사업을 탄탄하고 꾸준하게 이끌어갈 수 있다.

이런 것만 봐도 브랜드와 고객은 판매자와 구매자로서의 양립관계가 아니라 '동반자'라는 표현이 더 잘 어울린다. 각자의 능력으로 서로를 더 행복하게 만들어주는 것, 그것이 커뮤니티의 힘이자 메이킹 머니의 본질이지 않을까.

Making Money Ideas

★ 내가 함께 미래를 그려나가고 싶은 사람들은 누구이며 그들은 지금 어디에 있는가?
★ 그 사람들이 진정 원하는 것은 무엇인가? 그리고 난 그들을 세 명이라도 모을 수 있는가?
★ 모을 수 있다면 한번 작은 모임을 만들어보자.

죄송하지만
어린이는 들어올 수 없습니다

'30세 이상은 입장이 불가합니다.' 슬프다. 마음만큼은 20대인데 말이다. 물론 '애초에 들어갈 생각도 없었다!'라며 애써 자신을 위로해보지만 저 문구를 보니 많은 생각이 들었다.

생각해보면 '반려동물 출입금지', '노키즈 존'과 같은 맥락이지 않을까? 커뮤니티 모임을 살펴보면 그곳에도 '연봉 ○○원 이상만 참여 가능', '○○○ 하실 분은 참여하지 말아주세요' 등등 이와 같은 맥락의 문구가 아주 많다.

처음에는 불쾌하다고 생각할 수도 있고, '뭐라는 거야?' 하는 생각이 들 수도 있다. 그러나 한편으로는 이해가 가기도 한다. 모두에게 사랑받을 수 없으니 나와 마음이 잘 맞는 사람들하고만 무언가를 하겠다는 취지이기 때문이다. 운영하는 사람이든 이용자든 애초에 결이 다른 부류를 차단하는 편이 같은 시간 대비 훨씬 알찬 경험을 할 수 있고 마음도 편하다.

이처럼 우리는 일상에서 크고 작은 차단을 경험하며 산다. 내가 차단의 대상이 될 수도 있고, 오히려 내가 먼저 상대를 차단할 수도 있다. 불특정 다수를 상대하는 피로감이 점점 쌓이는 시대이기에 앞으로는 차단 된 공간, 모임, 관계 등이 더 많이 생겨날 것이다.

그렇다면 호텔은 어떨까? 호텔이야말로 나이, 성별, 직업에 관계없이 누구에게나 열려 있는 공간이다. 물론 회원 등급, 객실에 따라 차별화된 서비스가 있긴 하지만 이를 제외하면, 대체적으로 공평하게 응대한다. 호텔에서는 고객을 직접 마주하며 고객의 만족도를 높여주는 대면 서비스가 목숨만큼 중요하기 때문이다.

그런데 만약 만 13세 미만 어린아이의 출입이 불가능한 곳이 있다면 어떨까? 논란의 여지가 있을까? 그런데다 놀랍게도 최소 한

두 달 전에 예약하지 않으면 객실 구하기가 어려운 곳이라면 어떨까? 지금부터 광진구 아차산 부근에 위치한 더글라스하우스에 체크인을 해보자.

과감한 차단을 성공한 어른들의 호텔

사실 더글라스하우스를 알기 위해서는 워커힐호텔앤리조트를 먼저 알아야 한다. 워커힐 안에 더글라스하우스가 있다. 이곳은 1963년에 개관했으니 거의 60년 정도 되었다. 역사가 깊다. 개관 당시 한국은 전쟁이 끝나고 약 10년 정도 되었을 때다. 1960년 당시 우리나라 1인당 GDP는 79달러로 세계은행에서는 한국보다 필리핀이나 미얀마의 앞날을 더욱 밝게 전망할 정도였다고 하니 당시 우리나라 상황이 어느 정도였는지 짐작할 수 있다.

그런 사회 분위기 속에서 이 호텔은 대체 어떤 투숙객을 타깃으로 만들어졌을까? 바로 주한미군들이다. 1961년 유엔군 사령관으로부터 한 통의 연락을 받게 된다. '한국에 적당한 위락시설이 없어서 연간 3만 명 이상의 주한미군들이 일본으로 휴가를 떠난다'는 것이었다. 무려 3만 명이 휴가철에 달러를 들고 옆 나라 일본에 가서 소비를 하고 오니 우리나라 입장에서는 달러가 밖으

1 더글라스하우스 입구　2 더글라스하우스 로비　3 더글라스하우스 스위트 객실

로 새 나가는 게 몹시 아쉬웠을 것이다. 그래서 그들이 휴가를 보낼 수 있는 장소가 필요했고, 워커힐호텔은 그렇게 탄생했다. 개관하고 1년 동안은 주한미군 외에 일반인은 출입할 수도 없었으나 1년 뒤인 1964년에 비로소 일반인도 워커힐을 이용할 수 있게 바뀌었다.

워커힐에는 그랜드 워커힐, 비스타 워커힐, 그리고 더글라스하우스, 이렇게 총 세 개의 브랜드가 있다. 그중 가장 높은 곳에 위치한 더글라스하우스에 대해 살펴보자. 당시 국내 건축계의 유명인사였던 김수근 건축가가 만든 더글라스하우스는 숲 한가운데에 얹혀 있다. 이곳에서는 아차산 기슭에 폭 안겨 한강 전망을 내려다보는 특권을 누릴 수 있다. 서울 도심에서 좀처럼 보기 힘든 자연 속에 파묻힌 채 휴식을 취할 수 있고, 분명 서울이지만 완벽하게 단절된 느낌을 받을 수 있다.

특히 이곳은 '어른들을 위한 휴식 공간'이라는 명확한 콘셉트를 가지고 있는데, 그런 이유로 만 13세 미만의 어린이는 아예 입장 불가다. 사유와 재충전의 공간으로 2018년에 대대적인 리뉴얼을 한 이곳은 어른들의 별장이라는 별명을 가지고 있다. 실제로 호텔 안에 들어가면 뛰어다니거나 울거나 큰 소리로 떠드는 아이들을 찾아볼 수 없다. 어른이라고 꼭 그러지 않으리란 법은 없지만 호텔의 전반적인 분위기가 비교적 차분하다. 오히려 서로의 쉬는 시간을 방해하지 않으려는 느낌이 강하게 든다.

사유와 재충전이 필요한 어른들만 집중 공략

이곳에는 어른들의 휴식 공간과 사유와 재충전의 공간답게 특이한 부대시설이 들어와 있다. 호텔 안에서 이런 부대시설은 흔히 찾아볼 수 없다. 그건 바로 '도서관'이다. 이렇게만 들으면 별로 대단하게 느껴지지 않을 수 있다. 그러나 이 이야기를 들으면 생각이 달라질 것이다.

도서관의 핵심은 무엇일까? '어떤 콘텐츠를 편집해놓았는가'이다. 서점도 비슷한데 불과 몇 년 전까지만 해도 대형서점은 도서를 베스트셀러, 스테디셀러, 그리고 인문, 종교, 과학, 경제 등 일반적인 카테고리로 분류했다. 그러나 일본의 츠타야 서점이 등장하고 업계의 판이 확 뒤집혔다. 카테고리로 서적을 분류하는 게 아니라 고객에게 꼭 필요할 만한 것들로 편집하기 시작했다.

이를테면 장마철이 되면 '장마철에 집에서 가볍게 읽기 좋은 에세이' 혹은 새해가 다가오면 '더 성장하는 한 해가 되기 위한 자기

계발서'처럼 말이다. 츠타야 서점은 사람들의 발길이 끊이지 않는 곳이 되었고 '서점의 미래'라고 불리기도 했다.

대한민국 성인의 한 해 평균 독서량이 겨우 한 권 될까 말까 하는 시점에 누가 책을 읽느냐고 생각하겠지만 위와 같은 형태로 책을 큐레이션 해놓으면 조금이라도 더 흥미를 갖고 책을 꺼내 보지 않을까? 그래서 서점이든 도서관이든 책을 '어떻게 편집해두는 가'가 핵심이라고 본다.

더글라스하우스 또한 마찬가지다. 사유와 재충전의 공간이라는 콘셉트를 가지고 있는 만큼 아무 책이나 꽂아둘 리 없다. 이곳은 인기 있는 책, 유명한 책 위주로 진열하지 않는다. 국내 유명 서점인 '최인아 책방'의 최인아 대표가 직접 공간 컨설팅과 북 큐레이션을 맡았다. 사실 나는 이 부분이 아주 흥미로워 더글라스하우스에 투숙했는데, 실제로 가보니 당시에는 '나 자신을 놓치지 않기', '읽고, 쓰고, 공부하며 재충전', '문학의 주인공에게 묻는 인생사' 등의 다양한 주제로 책이 진열되어 있었다.

어떤가? 이런 공간과 구성이라면 책 한 권 꺼내 들고 편안한 의자에 몸을 맡긴 채 시간을 보내고 싶지 않은가? 책을 앉은자리에서 완독하는 게 중요한 것은 아니다. 전망 좋은 숲속 별장 같은 곳에

'최인아 책방'의 최인아 대표가 직접 컨설팅한 더글라스하우스의 도서관.
여기서는 책을 꼭 완독할 필요는 없다.
'사유와 재충전'에 걸맞는 책을 큐레이션 해두었으니 '지금 나의 상황'에 맞는 책을 꺼내들기만 하면 된다.
바쁜 현대인에게는 고요하게 책을 펼치고 있는 행위만으로도 '사유와 재충전'을 경험할 기회다.

서 스마트폰을 잠시 내려놓고 책을 펼치는 그 자체가 나를 위한 재충전의 시간이자 행복을 느끼는 경험이다. 왜냐하면 평소 우리에게는 이런 시간마저 주어지지 않으니 말이다. 이곳에는 은은하게 음악도 흘러나온다.

참고로 워커힐호텔앤리조트의 단지는 꽤 크다. 호텔 세 개에 레스토랑, 산책로까지 있으니 차로 이동하는 게 나을 정도다. 그러나 더글라스하우스는 조금 떨어져 있다. 어디론가 이동하려면 차량이 필요한데 차량을 이용하려면 더글라스하우스에서 걸어서 5~10분 정도 떨어져 있는 주차장까지 가야 한다. 그러니 의도치 않게 고립되기도 한다. 그래도 이동의 편리함은 중요하다. 그래서 24시간 항시 대기하고 있는 셔틀 서비스가 있다. 워커힐 단지 내 어디를 가든 부르면 3분 안에 검은색 세단이 데리러 온다. 이런 서비스가 '어른들을 위한 휴식'이라는 경험을 한층 더 두텁게 만들어주는 게 아닐까 싶다.

뿐만 아니라 이곳에서는 온갖 도시의 잡음이 차단된 경험을 할 수 있다. 근처에 보이는 것이라곤 숲과 한강뿐이다. 먹고 마시는 것은 더글라스하우스 안에서 해결이 가능하니 이곳에 올 때는 셀프 감금을 작정하는 게 좋다. 이곳에 있으면 스마트폰은 정말 내려놓고 싶어진다. 잠시나마 디지털 세상과의 연결을 끊고 '사유'

하고 싶어지는 공간이다. 호텔의 전반적인 디자인 또한 숲속 산장처럼 꾸몄다. 그래서 더욱 나만의 별장에 온 듯한 기분이 든다. 온더락 한잔 만들어 옆에 놓고 그저 멍하니 시간을 흘려보내고 싶어진다.

워커힐호텔앤리조트는 의도적인 차단을 통해 사유와 재충전이 필요한 어른들을 위한 공간을 제공한다. 어떤 고객을 만족시킬지를 첨예하게 좁히고 나니 무엇을 해야 할지가 눈에 보였을 것이다. 입장 연령을 제한한 과감한 결정부터 자발적 고립, 그리고 브랜드에 어울리는 책을 큐레이션해놓은 도서관까지 갖춘 것을 보면 알 수 있다. 이렇게 밀도 높은 콘셉트를 선보이자 더 많은 사람들이 이곳에 흥미를 갖고 몰리기 시작했고, 예약하기 어려운 서울의 호텔 중 한 곳으로 자리매김하게 되었다. 이곳은 세계적인 여행플랫폼인 트립어드바이저에서 여행자 선호 서울 호텔 1위를 차지하기도 했다.

모두에게 사랑받으려다 다 놓친다

두 마리 토끼를 쫓다 보면 모두 놓치기 십상이다. 모두에게 사랑받을 수는 없다. 그러나 이런 결정이 말처럼 쉽지는 않다. 자신을 알리고 싶은 사람은 나도 모르게 이 사람, 저 사람 모두의 관심을 끌고 싶은 욕심이 스멀스멀 올라오기 마련이고, 브랜드를 만드는 사람은 고객층을 다양하게 넓히면 매출이 오를 것이라고 생각한다. 물론 불가능한 것은 아니지만 생각보다 쉽지 않다. 그리고 가장 위험한 것은 '나의 정체성이 흐려진다는 것'이다.

모두에게 사랑받으려고 하면 나의 기준은 온데간데없이 사라지고 타인의 기준에 나를 끼워 맞추게 된다. A라는 사람에게는 a의 모습을 보여주고, B라는 사람을 만나면 b라는 모습을 보여줘야 한다. 그 순간에는 좋을 수 있으나 크게 보면 사람들이 나를 선명하게 기억하지 못한다. 자꾸 달라지기 때문이다.

그런데 자기만의 기준이 명확하게 서 있고, 자기와 마음이 맞는 사람들을 찾아 나가는 이에게는 개성이 분명하다는 특징이 있다. 흥미로운 사실은 그럴수록 주변에 사람들이 더 모여든다는 점이다. 그리고 이들은 자기와 맞지 않는 사람에게 굳이 맞추려 하지 않는다. 그렇다고 아예 관계를 잘라내는 것은 아니지만 적당한 거리를 둔다.

브랜드 또한 마찬가지다. 우리는 모두에게 사랑받을 수 없다. 그렇다면 과감히 차단할 필요가 있다. 마치 더글라스하우스가 '어른들을 위한 사유와 재충전의 공간'이라고 스스로 정의한 뒤 물리적인 공간을 차단하고, 노키즈 존을 선언한 것처럼 말이다.

어떤 고객을 타깃으로 할 것인가? 누가 봐도 차별화된 브랜드가 되어 끊임없이 사람들이 몰리게 하는 첫 단추는 바로 고객층을 좁히는 일이다. 쳐내기의 미학, 한 놈만 패는 전략이 필요할 때가 있다. 작은 브랜드이거나 이제 막 시작한 단계라면 더더욱 그렇다. 대신 좁혀진 고객들을 100%가 아닌 120% 행복하게 만들어 줄 자신이 있어야 한다. '내가 이 사람들만큼은 정말 확실하게 챙겨줄 수 있지!'라는 생각이 드는 그 사람들이 바로 당신의 '진짜 타깃'이다. 이들을 행복하게 만들어주기 위해 시설, 프로그램, 운영방식 등을 설정한다. '진짜 타깃'을 기준으로 모든 것을 설정하는 것이다.

그러면 어떻게 될까? 자연스럽게 콘셉트가 명확하고 선명한 브랜드로 다시 태어난다. 그렇게 해서 내가 예상했던 '진짜 타깃'이 실제로 경험해보고 만족하면 이들은 자신과 취향이 유사한 다른 사람들을 적극 데리고 온다. 이런 과정이 반복되면서 점점 고객의 수가 늘어나는 것이다. 물은 위에서 아래로 흐른다는 자연의 이치와 같다.

다시 한번 강조하지만 모두를 안고 갈 수는 없다. 아닌 것은 적절하게 차단해야 한다. 내가 자신 있게 만족시켜줄 수 있는 사람이 누구인지 먼저 고민하고, 그에 맞는 환경을 조성해야 한다. 마치 더글라스하우스가 '어른들이 사유와 재충전을 할 수 있는 공간'으로 타깃을 첨예하게 좁힌 것처럼 말이다.

Making Money Ideas

★ 내가 하고자 하는 브랜드가 있다면 생각해보자. 나는 누구를 행복하게 만들 수 있는가? 머릿속에 떠오르는 사람이 있을수록 좋다. 소꿉친구든 아는 지인이든 직장 동료든 가족이든 누구라도 상관없다. 그 떠오르는 사람이 당신의 진짜 타깃이다.

★ 그리고 내가 생각했던 타깃과 한번 비교해보자. 어떤 차이가 있는가? 기존에 설정한 타깃이 너무 두루뭉술하지는 않았는가?

5

4 (Floor) **또 오고 싶게 만드는
의외로 간단한 방법들**

3

2

1

잘되는 사람, 잘되는 가게, 잘되는 브랜드의 공통점이 있다. 바로 고객이 한 번이 아니라 두 번, 세 번 경험하러 찾아간다는 것이다. 소위 말하는 '단골'이다. 이 세상에 좋은 공간과 브랜드는 무척이나 많고 오늘도 여러 브랜드가 새롭게 태어나고 있다. 그중 고객이 '다시 방문'하는 곳은 과연 얼마나 될까? 내가 '단골'로 가는 집을 가만히 살펴보면 반복적으로 찾아오는 단골이 나 하나가 아니라는 것을 느끼는 순간이 있다. 그리고 그런 곳들은 대개 장사가 '잘'되고 오랫동안 자리를 지키고 있다. 그렇다면 우리는 이런 생각을 해봐야 한다. 나를 자주 찾게 만들고, 내가 만든 브랜드의 단골이 늘어나게 하려면 어떻게 해야 할까? 여기에 대한 힌트를 호텔에서 찾아보자.

자랑할 만한
이야깃거리를 흘린다

꼭 그런 사람들이 있다. 사람들이 모여 있는 공간에 가면 항상 주목받으며 주변으로 사람들이 모여드는 그런 인기남 말이다. 소위 '인싸'라고 표현한다. 그런 사람들 중에는 물론 외모가 출중한 경우도 있지만 대부분의 공통점은 바로 '말재간'이다. 같은 이야기를 하더라도 감칠맛이 나고 간질간질하게 이야기해 듣는 이가 무척이나 즐겁다. 계속해서 같이 있고 싶고 다음번에 또 만나고 싶다. 주변에 그런 사람이 있다면 한번 떠올려보라. 그러면 이해가 빨리 될 것이다.

그런데 반대로 외모는 출중하지만 이야기하는 재주가 없는 경우도 있다. 처음에는 겉모습에 끌려 다가가지만 이내 지루함을 느끼고 다른 재밋거리를 찾아 자리를 옮긴다. 우리는 흥미로운 무언가를 찾아다니는 하이에나와 같다. 스마트폰이 우리의 삶을 점령하고 소셜 미디어가 장악한 요즘엔 지루한 것을 더욱 참기 어려워한다. 물론 이 글을 쓰고 있는 나도 마찬가지고, 브랜드도 마찬가지다.

아무것도 모른 상태로 어떤 브랜드를 처음 마주했을 때 시각적인 요소들이 너무 뛰어나다면 당연히 눈길이 갈 수밖에 없다. 그러나 이 브랜드를 경험하고 점점 나와 친해질수록 생각보다 이렇다 할 이야깃거리가 없으면 우리 같은 흥미 사냥꾼들은 뒤도 돌아보지 않고 차갑게 떠나버린다. 호텔도 마찬가지다.

호텔 하면 기본적으로 떠올리는 고정된 견해와 사고가 있다. 간단히 말해 호텔은 '멋지고 화려한 곳'이라는 생각이다. 실제로 대부분의 호텔들은 멋지고 화려하다. 그래서 어쩌면 '그냥 호텔이네', '호텔은 결국 거기서 거기 아니야?'라는 반응이 나오는 것도 충분히 이해한다. 이제 표면적인 모습만으로 차별화를 꾀하기란 사실 어렵다. 건축과 인테리어는 이미 상향평준화되어 있기 때문이다.

그런데 요즘 규칙을 허무는 곳이 등장하기 시작했다. 겉모습은 그렇게 화려하지 않지만 사람들이 '오, 여기 가보고 싶다!' 혹은 한 번 가본 뒤 계속 가게 되는 그런 호텔이다. 게다가 위치 또한 특이하다. 상권이 '발달한' 곳에 터를 잡지 않고 상권이 '발달했던' 곳에 자리를 잡았다. 다시 말해 구도심에 말이다. 물론 부동산 비용을 생각하면 현실적인 선택일 수도 있겠으나 그런데도 사람들이 이곳에 끊이지 않고 방문하는 이유는 무엇일까?

지금부터 이야기해볼 곳은 부산 중앙동에 있는 '굿올데이즈호텔'이다. 나 또한 '이런 호텔이 우리나라에 더 많이 생겼으면 좋겠다'고 말할 정도였다. 이 글을 쓰기 위해 직접 투숙해보는 것은 물론이고 창립자와 인터뷰까지 나눴다. 대체 이들에게는 어떤 매력이 있기에 사람들이 모여들까? 그 인기 비결을 찾아보자.

오늘의 기록을 1년 뒤에 집으로 보내주는 호텔

이 호텔의 객실은 총 아홉 개뿐이다. 1층엔 로비 대신 카페가 있다. 카페는 2층까지 이어지는데 부대시설은 이게 전부다. 그리고 위로는 객실과 루프톱이 전부다. 그런데 프런트 데스크의 모습이 예사롭지 않다. 데스크 뒤로 수많은 우편함이 있는데 처음에

굿올데이즈호텔의 로비 모습으로 프런트 데스크 뒤로 우편함이 설치되어 있다.

는 단순 인테리어인 줄 알았다. 그런데 가만 보니 직원이 그 우편함에 엽서를 넣고 있는 게 아닌가. 저게 대체 뭔지 몹시 궁금했다. 그리고 곧 그 비밀을 알 수 있었다.

체크인하는데 엽서와 펜, 그리고 호텔 주변 가이드북을 함께 준다. 그래서 물어봤다. "이 엽서는 어디에 쓰는 건가요?" 돌아온 답은 이렇다. "잊힐 오늘을 기록하세요. 그리고 체크아웃하실 때 저희에게 주시면 1년 뒤에 댁으로 보내드리겠습니다." 소름이 돋았다. 150군데 넘는 호텔을 다녔지만 이런 곳은 또 처음이다. 여긴 대체 뭘까? 그때부터 본격적으로 이 호텔을 연구하기 시작했다.

굿올데이즈호텔을 만든 대표는 이전에 게스트하우스를 운영한 경험이 있다. 유럽 여행에서 게스트하우스의 매력에 홀딱 반했다고 한다. 당시 한국에서는 찾아볼 수 없는 숙박 형태였기 때문에 더 흥미를 느꼈단다. 그렇게 부산 해운대에서 성황리에 게스트하우스를 운영했다. 자신의 계란형 얼굴을 본 따 '미스터에그'라고 이름 지었다.

이곳은 대부분의 손님이 외국인이었다. 그런데 문제가 하나 있었다. 이들이 조식을 먹어야 하는데 그 이른 아침에 문을 여는 식당이 주변에 흔치 않았다. 그래서 브런치 카페를 오픈했다. 이곳 또한 이내 외국인 여행객들로 인산인해를 이루었다. 궁극적인 목표는 호텔을 올리는 것이었기에 그는 부지런히 업장을 운영하고 공부하며 준비했다.

그러던 차에 코로나19가 몰아쳤다. 매출이 0원인 날도 있었다고 한다. 그러나 전 세계적인 팬데믹에도 호텔을 올리겠다는 그의 목표와 결심은 흔들리지 않았다. 그럴 때일수록 부정적인 마음을 덜어내고 마음의 안정을 취할 수 있는 유일한 방법은 '지나간 일은 후회하지 말고, 일어나지 않은 일은 걱정하지 말고, 현재에 집중하자'다. 그렇게 현재에 집중하면 미래의 내가 오늘을 기억했을 때 '그래도 그때 좋았지'라고 생각할 것이다. 한마디로 'Good Old Days'인 것이다.

이 호텔의 대표는 그렇게 오늘의 좋았던 기억을 잊지 않고 기록해 먼 미래의 내가 오늘을 돌아봤을 때 미소 지을 수 있는 곳을 만들고 싶었다. 우리의 기억은 금세 날아가지만 기록하면 그 기억은 영원히 우리 가슴 속에 남기 때문이다. 그런 이유로 이곳에서는 체크인할 때 엽서와 펜을 주고 오늘의 좋았던 기억을 기록하게 하는 것이다. 기록한 엽서를 체크아웃할 때 직원에게 건네면 이를 잘 보관해두었다가 약 1년이 지났을 때 고객의 집으로 보내준다.

1 굿올데이즈호텔 객실(Room3)의 분위기
2 객실마다 다르게 큐레이션 되어 있는 LP   3 앉아서 기록할 수 있는 공간

객실에 들어가면 엽서를 예쁘게 꾸밀 수 있도록 수성 색연필부터 마스킹테이프, 문진, 볼펜과 연필 등 온갖 기록 도구를 비치해놓았다. 이러니 어찌 기록하지 않을 수 있겠는가. 그리고 어떤 호텔에서 이런 경험을 해볼 수 있겠는가. 이 호텔은 단순히 '놀러와 잠을 자고 간다'의 개념을 뛰어넘어 '가장 아름답고 좋았던 오늘'을 영원히 남길 수 있게 돕는다. 굿올데이즈호텔은 사라져가는 좋은 기억을 영원히 간직하는 호텔이다.

이외에도 1층 로비에 수백 장의 엽서가 전시되어 있는데 이 또한 이유가 있다. 굿올데이즈호텔의 대표는 사진에도 관심이 많다. 실제로 그는 게스트하우스를 운영하면서 외국인들이 한국의 엽서를 사가는 것을 자주 목격했는데, 그 엽서들의 사진이 너무 오래되거나 예쁘지 않다고 생각했다. 때마침 사진 찍는 것을 좋아했던 그는 부산의 아름다운 곳을 돌아다니며 사진으로 남기기 시작했고 이를 인스타그램에 올리며 팔로워를 1만 명 이상이나 모았다. 그리고 그간 찍은 부산 사진들을 엽서로 제작해 전시했는데 그 양이 상당하며, 판매도 한다. 우리나라 사람인 내가 봐도 관광지에서 흔히 보는 뻔한 엽서가 아니다. 예쁜 색감에 로컬의 분위기를 진하게 느낄 수 있는 엽서들이라 나도 눈길이 가는데 외국인들이 보면 오죽할까.

굿올데이즈호텔의 대표가 직접 찍은 부산의 모습을 엽서로 만들어 진열해놓았다(왼쪽)
부산의 지역 브랜드 위주로 채워놓은 미니바(오른쪽)
오늘을 기록한 엽서를 1년 뒤 우편으로 받으면 굿올데이즈호텔에서의 독특했던 하루를 추억할 수밖에 없다.
이것이야말로 고객을 또 오게 만드는 사소하지만 효과적인 디테일이 아닐까.

이들의 움직임은 끝이 아니다. 굿올데이즈호텔이 터를 잡은 부산 중앙동 안엔 숨어 있는 진짜 맛집들과 숨은 명소들이 많다고 한다. 그래서 그것들을 직접 소개하고자 두 팔을 걷어 올렸다. 투숙객에게 밀도 있는 로컬 경험을 할 수 있게 하고, 중앙동에 발굴되지 않은 곳들을 소개하다 보면 타지에서도 더 많은 사람들이 이곳에 여행을 오게 되어 동네 자체가 더욱 활성화될 수 있겠다는 청사진을 그리고 움직인 것이다.

그래서 굿올데이즈호텔은 기존엔 투숙객들에게만 로컬 맛집과 숨은 명소를 소개했다면 이젠 그 범위를 넓혔다. 하나의 호텔이 부산 중앙동의 로컬 크리에이터가 되어 중앙동을 더 많은 사람에게 소개하기 시작했다. 중앙동에 와야 할 이유가 많이 생겨야 사람들이 발걸음을 옮길 테고, 지역 상인들과 굿올데이즈호텔에도 도움이 되는 선순환 구조가 만들어질 것이다.

이들은 객실 안에 있는 미니바도 적극 활용한다. 미니바 안에는 '부산에서 태어난 브랜드' 제품들만으로 채워놓았다. 부산어묵, 부산우유, 부산에서 만든 맥주 등을 비치해놓았는데 놀라운 것은 이 모든 것들이 무료로 제공된다는 사실이다. 미니바에서도 지역의 브랜드를 소개하는 디테일이 예사롭지 않다.

이렇게 재미있는 이야깃거리가 많은데, 어찌 이곳을 잊을 수 있겠는가. 좋은 이야깃거리를 찾았으니 우리가 할 일은 친한 사람에게 이 호텔에서 보고 느낀 것들을 신나게 자랑하며 이야기하는 것뿐이다. 그렇게 이들은 부산 중앙동의 핫플레이스가 되었다.

내 입이 아닌 남의 입을 빌려라

최고의 마케팅은 입소문이라는 말이 있다. 그러니 자랑할 만한 이야깃거리를 만들어야 한다. 지인의 입에서 나오는 추천은 그 무엇보다 강력하다. 그렇다면 우리가 해야 할 것은 무엇일까? 메이킹 머니를 할 때 가장 효과적인 방법은 나 대신 우리 브랜드를 홍보해줄 영업사원을 최대한 많이 깔아두는 것이다. '사람을 추가로 고용하라'는 이야기가 아니다. 한번 찾아온 고객에게 이야깃거리를 제공해 그들 스스로 퍼 나르게 하는 것이다. 이때 두 가지 중요한 포인트가 있다.

첫째, 자발적으로 전달하고 싶을 정도로 고객에게 감동을 줄 것. 누군가에게 이야기를 전달한다는 것은 그만큼 내가 흥미롭게 느꼈다는 것이다. 그 흥미를 이끌어내기 위해서는 시각적으로 멋지거나 충격을 줄 수도 있고, 상대방에게 파격적인 이득을 안겨다줄 수도 있다. 어떤 방식으로든 고객에게 감동을 느끼게 하는 순간 그 사람은 자신의 지인들에게 이야기를 퍼트리기 시작할 것이다.

입장 바꿔 생각해보면 명쾌하다. 자신을 되돌아보자. 오랜만에 친구들을 만나 신이 난 상태로 무언가를 추천할 때 나의 모습은 어떤가? 그때 주로 어떤 이야기를 하는가? 보통 자신이 감동받은 것들 위주로 이야기할 것이다. 그 이야기를 들은 친구들이 '오~!'라는 반응을 보이는 순간 괜스레 뿌듯해진다. 이처럼 고객이 자랑할 만한 이야깃거리를 안겨주기 위해 먼저 해야 할 것은 일단 '감동하게 하는 것'이다. 이것이 우선되어야 한다.

둘째, 고객이 다른 사람에게 전달하기 쉽도록 이야기는 '간결하고 명확'할 것. 여러분도 어떤 곳에서 무척이나 인상 깊은 경험을 했을 때 그 이야기를 친구들에게 얼른 전해주고 싶은 적이 있을 것이다. 그런데 막상 이야기하려면 '어, 그게 그러니까…'라며 어디서부터 어떻게 이야기해야 할지 정리가 잘 안 되는 경우가 있다. 말주변이 부족해서 그런 것 아니냐고 할 수도 있지만, 누군가는 달변가이고 다른 누군가는 그렇지 않을 수도 있으니 판매자 입장에서는 그들에게 '쉽고 명확한 한 줄 요약'을 넌지시 던져주는 것이다.

나는 이를 무척이나 중요하게 여긴다. 실제로 내가 기획하고 운영 중인 이드커피에도 적용할 정도로 말이다. 커피를 좋아하는 사람이라면 공감할 것이다. 보통 깊은 생각이 필요한 순간에 커피를 찾게 된다. 하지만 쓰기만 한 커피는 마실 때마다 집중력을 흐트러트리는 기분이 든다. 반대로 풍미가 좋은 커피는 입에 닿을 때마다 행복해지고 집중도 잘되는 듯하다. 바로 이 지점에서 '맛있는 커피 한 잔은 생각의 몰입을 돕는다'는 믿음이 생겼다.

그래서 커피의 복잡하고 어려운 원두명과 산지를 앞세우지 않는다. 대신 '영감', '사색', '일탈', '몰입' 등으로 커피의 이름을 지었다. 그리고 '지금 나에게 필요한 커피를 고르세요'라며 매장에서 안내를 돕는다. 그러면 사람들은 주문할 때부터 '나는 영감이 필요해!'라고 말한다. 동행자는 '왜 영감이 필요해? 뭐 할 일 있어?'라며 이야기가 시작된다.

여러 커피 중 '영감'을 골랐다고 해보자. 그러면 상세 설명이 이어진다. '굳어 있는 머리를 깨워주는 자스민 향이 팡 터질 거에요'라고 말이다. 실제로 그런 느낌이 나도록 직접 로스팅을 한다. 그리고 손님에게 음료와 디저트를 내줄 때는 '생각의 몰입을 돕는 커피'라는 문구가 적혀 있는 인쇄물을 반드시 함께 건넨다. 다른 누군가에게 우리를 설명할 때 '이 한 줄로 설명하시면 됩니다'

라는 무언의 메시지인 셈이다.

다시 말해 우리를 어떻게 소개하면 좋을지 정리해 고객에게 넘겨주는 것이다. 우리 브랜드의 경험이 만족스러웠던 고객들은 입소문을 내기 시작한다. 이때 지인에게 말로 설명하기도 수월하고, 소셜 미디어에 올리기도 쉽다. 우리가 이미 정리해 전달했기 때문이다.

내가 아닌 고객이 스스로 주변인들에게 알릴 수 있도록 '이야깃거리'를 만들어줘야 한다. 이때 고객이 알아서 입소문을 내게 하려면 우선 그들부터 감동시켜야 한다. 본인 스스로 입소문을 내면서 '나 이런데도 다녀왔어'라고 자랑할 수 있게 말이다. 그 대신 한 줄 요약은 간결하고 명확해야 한다. 복잡하고 구구절절해지는 순간 홍보는 끝이다. 여러분의 브랜드, 여러분의 브랜드 혹은 공간은 어떤 이야깃거리를 가지고 있는가? 그리고 입소문이 잘 나도록 '한 줄 정리'를 했는가? 한번 돌이켜보길 바란다.

Making Money Ideas

* 고객들이 다른 사람에게 '자랑하며 이야기할 만한 거리'가 당신의 브랜드나 공간에 있는가?
* 나 자신, 브랜드, 공간을 한 줄로 정리하면 어떻게 할 수 있을까?

대한민국에
이런 호텔 없습니다

1년 전에는 분명 인기가 많았는데 다시 오니 사라졌다. 소셜 미디어, 각종 매체에서 열심히 띄워 사람들이 북적였던 곳이 시간이 얼마 지나 다시 가보면 사라지고 없다. 그리고 그 자리에는 다른 업종이 들어와 있다.

핫플레이스라는 곳들도 잠깐 반짝하다 이내 사라지는 경우가 많다. 임대료 인상, 인기 급감, 내부적 문제, 유행 등 사라지는 요인은 저마다 다르겠지만 쓸쓸한 마음이 드는 건 어쩔 수 없다.

세상에는 빤짝하는 게 너무 많다. 평소에는 조용했던 카페가 공중파나 소셜 미디어에 노출되면서 갑자기 사람들이 몰려든다. 그렇게 삽시간에 웨이팅 기본 30분 이상은 해야 하는 핫플레이스가 되어버린다. 그럴 때 열심히 새로운 메뉴도 개발하고, 직원 수를 늘려 분업화로 운영 효율도 높이고, 친절도를 더 높게 끌어올리며 운영에 집중하면 빤짝 핫플레이스가 아닌 오래오래 유지되는 매장이 된다.

그런데 이런 준비가 되어 있지 않은 상태에서 사람들이 물밀듯이 밀려들면 어떻게 될까? 손님 응대부터 메뉴 개발, 메뉴 관리 등 모든 게 뒤엉키기 시작한다. 그러면 어떻게 될까? 보통은 1년을 넘기지 못하고 임대 문의 현수막이 나붙게 된다.

공간뿐만이 아니다. 어떤 계기로 인해 갑작스레 스포트라이트를 받게 된 평범한 개인도 마찬가지다. 기세를 이어가며 승승장구하는 사람이 있는가 하면, 반대로 초반에는 잘 버티다가 곤두박질치는 사람도 있다. 우리가 실제로 살면서 자주 목격했던 현상이다. 그래서 물이 들어올 땐 오히려 경계해야 한다. 침몰을 예방하기 위해 어디에서 물이 새고 있지는 않은지 면밀히 살펴봐야 한다. 그러려면 사전에 준비가 탄탄하게 되어 있어야 한다. 물이 들어올 때 휩쓸리지 않고 그 위에서 서핑을 즐기려면 말이다.

우리 모두는 결국 잠깐이 아니라 오래도록 사랑받기를 꿈꾼다. 그렇게 하기 위해서는 살펴봐야 할 것들이 아주 많지만 그중에서도 특히 중요한 게 바로 '재방문'이다. 뜨겁게 급부상한 공간, 채널, 개인 모두 동일하게 적용된다. 처음에는 매력적이라고 생각해 접근한다. 직접 경험해보고 '생각보다 뭐 없네'라는 생각이 들면 그다음은 없다. 그러면 어떤 일이 벌어질까? 끊임없이 새로운 사람을 찾아다녀야 하는 신세가 되어버린다. 그렇기에 오랫동안 사랑받고 싶다면 한 번 온 사람을 두 번, 세 번 오게 만들어야 한다. 이를 위해 우리가 할 수 있는 것은 무엇일까?

상도동에 있는 한 호텔로 발걸음을 옮겼다. 이곳에 대해 구체적으로 이야기하겠지만 우선 짧게 요약하면 이렇다. 세계적으로 권위 있는 잡지 〈모노클〉에서 선정한 전 세계 톱100 호텔이 있다. 그 순위 안에 들어간 한국 최초이자 유일한 호텔이다. 시설이 화려하거나 럭셔리하다고 생각할 수 있다. 혹은 규모가 엄청 크다고 느낄지도 모르겠다. 하지만 그렇지 않다. 집처럼 푸근한 느낌이며 객실 수는 43개뿐이다.

더 놀라운 것은 〈아주경제〉에 따르면 8개월 만에 손익분기점을 넘긴 것으로 화제가 되기도 했다. 2016~2021년까지 12만 명이 오갔으며, 이용객의 45%가 지역주민이라는 사실이 더 놀랍다.

게다가 이들의 재방문율이 50%에 육박한단다. 도대체 비결이 뭘까? 메이킹 머니 시스템을 살펴보기 위해 나는 이곳에 세 번 투숙하고 대표를 만나 인터뷰를 진행했다.

동네 주민들이 더 자주 찾는 룰브레이커 호텔

요즘이야 교통이 워낙 발달해 있어 덜 하지만, 기존의 비즈니스 호텔과 5성급 호텔의 위치는 정말 기가 막힌다. 활발하게 돌아가는 인근 상권은 물론 교통편의까지 모두 다 갖춘 황금 자리에 올라가 있다. 그래서인지 자연스럽게 '호텔' 하면 '좋은 입지'라는 말이 생긴 듯하다. 그런데 이 호텔은 일단 이 말에서부터 어긋나 있다. 이들은 상업지역이 아니고 주거지역인 상도동에 호텔을 올렸다. 상도동은 고층 아파트보다는 아직 구옥이 밀집해 있는 지역이며, 대형 프랜차이즈가 즐비하기보다는 지역의 알짜 가게가 모여 있는 곳이다. 곳곳에 시장도 형성되어 있어 사람 냄새 나는 동네라고 생각하면 이해가 쉬울 것이다.

핸드픽트호텔의 대표는 3대째 상도동에 거주하다 보니 누구보다 이 동네에 대한 이해도가 높았고, 이 호텔의 부지 또한 할아버지께서 운영하시던 주유소 자리였다. 그렇다고 해도 기존 호텔의 입지 선정 방식과 정반대로 움직이는 것은 그야말로 '도전'이나 다름없었다. 그런데도 이들은 어떻게 앞서 언급했던 성과들을 이뤄냈을까? 핸드픽트호텔 대표의 이야기가 인상 깊었다.

그는 번화가에 있는 핫플레이스의 경우 매일 같이 외부에서 손님을 끌어와야 한다는 강박에 시달리게 된다고 말한다. 그렇기에 메뉴 교체와 개발을 해야 하는 주기도 점점 빨라지고, 소셜 미디어상의 입소문을 위해 변화된 공간과 모습을 자주 선보여야 한다. 호흡이 지나치게 빠르다는 이야기다. 그러나 상도동의 경우는 정반대의 모습을 가지고 있다. 이 동네의 가장 독특한 점은 앞서 말했듯이 주거 밀집 지역임에도 불구하고 대형 상권이 없다는 것이다.

3대째 이 동네에 살면서 그는 상도동이라는 지역 자체가 천천히, 그리고 진득하게 나아가는 매력이 있다고 판단했다. 주변의 식당을 보면서 많은 인사이트를 얻었다. 가장 대표적인 것은 외부에서 손님을 계속 유입해야 한다는 강박보다는 지역주민들이 하나둘씩 오가고 단골이 되어 이들이 또 다른 손님들을 데려오는 모습이다. 시간이 조금 걸리긴 해도 조금씩 고객의 범위가 넓어지고 잦은 메뉴 교체보다는 하나를 깊이 있게 파고들었다. 이것이 상도동의 식당들이 1년 반짝하고 사라지는 게 아니라 기본 10년 이상 유지되는 곳들이 많은 핵심 이유다. 이런 경험을 바탕으로 그는 핫플레이스보다는 집밥처럼 자꾸 생각나는 공간, 다시 말해 '소울플레이스'가 되기로 했다.

집밥처럼 자꾸 생각나는 소울플레이스는 이렇게 탄생했다

그가 가장 중점을 둔 첫 번째는 동네에 녹아드는 건축이었다. 붉은 벽돌로 지어진 집이 많은 동네에 갑자기 화려하고 번쩍번쩍한 건물이 들어서는 것은 오히려 위화감을 준다고 생각한 그는 이 호텔을 지을 때부터 동네에 완전히 스며드는 건축을 선택했다. 당시 프로젝트 이름마저 '위장camouflage'이었다. 그렇게 붉은 벽돌로 지어지기 시작한 호텔은 으리으리하게 등장해 위화감을 조성하기보다 자연스럽게 동네에 섞이며 친근하게 다가갔다.

두 번째는 로비 구성이다. 보통의 호텔은 1층에 로비가 있고, 이곳에서 곧바로 체크인을 진행한다. 그러나 이들은 1층 로비에 사람들이 북적이면 지역주민들에게 불편을 끼치지 않을까 하는 우려로 9층으로 로비를 올렸다. 9층에 도착하자마자 탁 트인 상도동 뷰를 바라볼 수 있는데, 빠르게 돌아가는 도시의 화려함보다는 시간이 천천히 흐르는 푸근함을 느낄 수 있다. 프런트 데스크

핸드픽트호텔 외관(왼쪽), 상도동을 바라보는 레스토랑(오른쪽)
집밥처럼 자꾸 생각나는 소울플레이스가 되기 위해 상도동에 녹아드는 건축을 디자인했다.
관광객만을 위한 공간이 아니라 동네 주민들도 언제든 편히 오갈 수 있는 공간을 지향했다.
그 마음이 통했을까. 동네 주민의 방문율이 45%를 차지하는 놀라운 결과를 보였다.

또한 정면으로 마주 보지 않고 한걸음 옆으로 비켜서 있다. 호텔에 처음 들어서면 모든 직원이 나를 쳐다보고 있는 것 같아 민망할 때가 있는데, 그런 부담감을 느낄 필요 없이 공간을 즐길 수 있다. 그러나 현재는 로비가 지하 1층으로 내려갔다. 이는 큰 결심이었을 것이다. 체크인 공간은 투숙객들이 필수적으로 들러야 하는 곳이기에 이를 전략적으로 활용하면 매출을 높일 수 있다. 대체 지하 1층엔 무엇이 있을까?

세 번째는 지하 1층 공간인데, 이곳은 그야말로 상도동의 아지트다. 매우 복합적인 공간이 눈앞에 펼쳐진다. 투숙객이 아닌 사람도 자유롭게 드나들 수 있다. 일반 호텔 또한 투숙객이 아닌 사람도 드나들 수 있는 레스토랑과 카페가 있긴 하지만 보통은 1층에 있거나 2층 이상인 공간에 배치한다. 그래서 호텔을 직간접적으로 느끼곤 한다. 호텔에 대한 경험이 많으면 괜찮지만 그렇지 않을 경우에는 다소 거리감이 느껴질 수 있다. 핸드픽트호텔은 지역에 스며드는 것을 무엇보다 중요하게 여겼기에, 지역주민들이 부담 없이 아지트처럼 편히 드나들 수 있도록 호텔 1층 출입구 외에 건물 외부에서 지하 1층으로 바로 내려올 수 있는 출입로도 따로 만들어놓았다.

이 지하 공간에는 카페와 레스토랑, 편집숍과 작은 도서관, 그리고 업무나 공부할 수 있는 공간이 있으며, 가장 눈에 띄는 것은 키즈룸이다. 어린 영유아를 동반한 가족이 많은 지역이어서 지하 1층에 오는 손님 중에는 세 살배기 아이와 함께 오는 경우가 많다고 한다. 그래서 이들은 아이들이 편하게 놀 수 있는 전용 공간을 마련해두었다.

실제로 이곳에서는 아이의 생일 파티를 하기 위해 공간을 대여하기도 한다. 투숙객이 아니어도 사용이 가능하다. 아이들이 활기차게 노는 소리가 다른 손님에게 방해되지 않도록 유리 벽도 설치했다. 더 인상 깊은 것은 아이들이 집에서 하기 힘든 벽 낙서를 맘 편히 하라고 한쪽 벽면을 칠판으로 만들어놓은 디테일이다. 아이도 편하고 덩달아 부모도 편한 공간을 만든 것이다.

지하 레스토랑에서 판매하는 음식의 가격도 무시할 수 없다. 호텔 레스토랑이라고 하면 지레 비싸다고 생각할 수 있는데, 이곳은 아예 표현부터 캐주얼 다이닝이다. 이곳의 베스트 메뉴인 피자 가격은 1만 8,000원. 세트 메뉴를 제하고 다른 단품 메뉴들도 비슷한 금액대다. 게다가 앞서 언급했듯이 혼자 업무나 공부에 집중할 수 있는 좌석과 여러 명이 함께 앉는 좌석이 분리되어 있다 보니 지역주민들의 다양한 욕구를 충족시킬 수 있다. 당연히 언제든 편히 드나들 수 있는 상도동의 아지트가 될 수밖에 없다.

1 핸드픽트호텔 지하 1층 카페와 다이닝 공간   2 키즈룸
3 업무공간   4 편집숍

이곳이 지역에 완벽히 녹아들어 지역주민들의 사랑을 받을 수밖에 없는 네 번째는 바로 '선한 영향력'이다. 이 호텔에는 롤모델이 있었다. 바로 '위스호텔'이다. 이 호텔의 위치는 과거 폐공장이 즐비했던 브루클린의 윌리엄스버그다. 과거 이 지역은 밤 7시 넘어 돌아다니면 총 맞는다는 말이 있을 정도로 거친 곳이었다. 이런 황량한 곳에 호텔을 세웠다. 왜 굳이 그곳에서 호텔을 운영하냐며 모두가 반대했다.

그런데 이상한 현상이 벌어졌다. 관광객이 아닌 인근 맨해튼, 브루클린 거주자들이 하나둘씩 이 호텔에 놀러 오기 시작했고, 호텔 근처에는 개성 있는 의류 매장과 신발 가게는 물론이고 카페도 생겨나기 시작했다. 결국 황량했던 동네가 소호처럼 사람들이 활기차게 붐비는 곳으로 완전히 달라졌다. 호텔 하나가 지역 전체에 선한 영향력을 끼친 매우 유명한 사례다. 이에 영향을 받은 핸드픽트호텔 역시 지역을 위해 움직이기 시작했다.

그 어떤 호텔에서도 볼 수 없던 움직임

이 호텔이 지역을 위해 움직이기 시작한 첫 번째는 '5km, 3%' 캠페인이다. 수익금의 3%를 반경 5km 내의 주민들에게 후원하겠다는 것이다. 핸드픽트호텔 9층에도 레스토랑이 있다. 이 레스토랑에서 식사를 하면 수익의 3%를 반경 5km 내의 결식아동과 노숙자의 식사를 지원하는 데에 사용한다. 연회장은 어떨까? 저소득층 사람들의 결혼식이나 돌잔치를 무료로 진행할 수 있도록 후원한다. 전체 수익의 3%는 노후주택을 보수하거나 골목길을 정비하는 데에 사용한다. 공간의 특성에 맞게 지원하는 아이디어를 2016년에 처음 시작했다니, 지금 돌아봐도 인상 깊다.

지역주민을 위해 움직인 두 번째는 구청과의 협업이다. 상도동을 워낙 잘 알고 있는 대표는 한 가지 기발한 아이디어를 생각해냈다. 상도동은 주택 내 주차장이 있는 오래된 주택들이 많다는 것에서 착안했다. 구청과 협업해 이 주차장을 재활용하기로 한 것이다. 작은 공방을 만들어 소상공인들이 맘 편히 장사할 수 있는 곳으로 만들면 송리단길, 가로수길, 경리단길처럼 하나의 길이 탄생하리라 생각했다.

그런데 그렇게 해서 사람들이 몰리면 자연스럽게 임대료가 높아진다. 소위 '젠트리피케이션' 현상이 벌어지는 것이다. 원주민들이 밀려나는 것을 방지하기 위해 임대주, 임대인, 그리고 구청과의 3자 계약을 통해 임대료 인상 폭을 제한하는 안전장치를 마련하고자 다양한 시도를 진행했다. 호텔이 이렇게까지 한 전례가 없었기에 설득하는 과정과 행정적인 절차를 통과해 나가는 것도 험난했다고 한다. 하지만 핸드픽트호텔은 포기하지 않고 계속 시도 중이다. 진심에서 우러나오지 않고서야 이런 모험을 하기란 쉽지 않다. 이런 마음이 지역에도 조금씩 알려지기 시작했다.

지역주민을 위한 세 번째 움직임은 '따뜻한 손길'이다. 호텔 인근에 지체장애인을 위한 학교가 있는데, 당시 학교 내부에는 졸업식을 할 공간이 마땅치 않았다. 대관을 하려 해도 예측 불가한 상황들을 우려해 선뜻 대관을 허락해주는 곳이 없었다. 이때 핸드픽트호텔이 먼저 손을 내밀었다. 그렇게 무료에 가까운 수준으로 2년 연속 졸업식을 진행했다.

게다가 이 호텔은 설계 당시부터 누구도 차별받지 않는 모두를 위한 공간을 만들기 위해 휠체어를 타고 돌아다닐 때 동선상 불편함이 없도록 만들었다. 이뿐만 아니라 수해나 화재 발생 시 저렴한 가격으로 객실을 지원하는데 '동작구에서 운영하는 호텔'이라고 소문이 날 정도였다고 하니 지역을 위한 움직임이 어느 정도였을지 가늠된다. 이쯤 되면 거의 사회적 기업 수준이다.

하지만 핸드픽트호텔은 무작정 기부하거나 손해를 봐가면서까지 좋은 일을 하는 게 지역 상생에 도움이 된다고 생각하지는 않는다. 일방적인 도움은 오래 유지할 수 없고 한쪽이 지치는 순간 상생이 멈추기 때문이다. 그래서 이들이 생각한 호텔과 지역 사이의 건강한 관계란 서로 손해 보지 않는 선에서 선한 영향력을 주고받는 것이다. 엄연한 사업체인 만큼 브랜드가 오래 버티고 유지되어야 지역 상생을 위한 활동 또한 오래 지속할 수 있기 때문이다.

이곳에서의 투숙 경험은 어떨까? 이들은 화려한 서울의 모습보다는 '진짜 서울'에 살아보는 듯한 경험에 더 집중한다. 그래서 집보다 더 편한 집인 동시에 서울 생활을 온전히 느낄 수 있다. 핸드픽트호텔 대표는 이전까지 컨설턴트였다. 당시에도 호텔을 좋아했던 그는 다양한 호텔을 다녔는데, 특히 해외 출장을 다니면서 상도동과 같은 주거지역임에도 꽤 괜찮은 호텔들이 많다는 것을 알게 되었다.

그곳은 그 지역의 생활환경과 주거 형태가 호텔에 그대로 녹아 있고, 그 자체로 독특한 분위기를 자아냈다. 게다가 그 지역에 살고 있는 것 같은 편안함과 마치 '집에 온 듯한' 느낌마저 들었다고 한다. 핸드픽트호텔도 그런 공간이 되고자 했다. 그래서 우리나라의 주거 형태를 최대한 호텔 공간에 담아내고자 했다. 호텔 특유의 화려한 디자인보다는 마치 친구 집에 놀러 온 듯한 디자인으로 투숙객의 마음을 사로잡는다.

또한 그는 조명에 집중했다. 호텔 산업이 서양에서 들어온 것이다 보니 서양식 주거 형태가 많이 반영되어 있다. 그 대표적인 예가 바로 조명이다. 객실 곳곳에는 은은하게 비추는 간접조명이 설치되어 있다. 그러나 우리나라의 주거시설에는 천장에 달린 조명들이 공간을 직접적으로 밝힌다. 이들은 그런 디테일을 놓치지 않았다. 그래서 우리나라 사람들이 이 호텔에 오면 어딘가 '익숙한' 공간에 편안함을 느끼게 되고, 외국인이 오면 서울의 주거환경을 간접적으로 느끼며 살아보는 경험을 할 수 있다. 실제로 코로나19 이전에는 이 호텔의 외국인 투숙객 비중 또한 상당했다고 한다. 2016~2021년까지 12만 명이 오갔다니 그럴 법도 하다.

집과 같은 편안함과 살아보는 경험의 정점을 찍는 게 또 있다. 공간 다음으로 중요한 부분이 음식이다. 음식은 그 지역을 온전히 느낄 수 있는 요소다. 그래서 이들은 조식마저 기존 호텔과는 다른 방식으로 접근한다. 보통의 호텔은 세계 각국의 사람들이 오기에 평균적인 맛을 유지하고 다양한 메뉴를 제공할 수 있는 뷔페를 선택한다. 운영 차원에서도 효율적이다.

처음에는 이들도 뷔페를 선택했으나 이건 핸드픽트호텔답지 않

1·2 핸드픽트호텔에 딱 하나 있는 객실 모습
3 친구 집에 온 듯한 스위트룸   4 집밥 같은 조식

다고 생각해 과감히 '한식'으로 전향했다. 서울에 사는 사람들은 늘 시간에 쫓겨 아침밥을 제대로 챙겨 먹기 어렵다. 그래서 점점 간소화되는 점을 고려해 이들은 고향 집에 갔을 때만 먹을 수 있는 한식 차림을 내어주기로 한 것이다. 한 달에 세 가지 메뉴를 정해 매일 다르게 조식으로 내보낸다. 그리고 이 메뉴는 한 달 단위로 바뀐다. 일주일에 세 가지 메뉴가 매일 번갈아 나온다. 이들의 선택은 옳았다. 조식 때문에 이 호텔을 재방문하는 사람들도 많았고, 특히 외국인 투숙객들은 '실제로 이곳에 사는 것 같은 경험을 할 수 있었다'며 칭찬을 아끼지 않았다.

이들은 오랫동안 사랑받을 수 있는 집밥처럼 자꾸 생각나는 소울플레이스를 만들고자 했다. 그렇게 하려면 핸드픽트호텔에 지역의 주거 형태와 삶을 담아야 한다고 믿었다. 지역에 조화롭게 스며드는 건축부터 상도동 사람들이 편히 드나들 수 있는 지하 공간, 지역과 상생하는 여러 활동, 그리고 집보다 더 집 같은 공간과 음식들을 준비했다. 외부인과 지역주민 모두에게 사랑받는 호텔은 이런 노력을 통해 탄생했다.

이번 장의 서두에서 〈모노클〉이 선정한 전 세계 호텔 톱100에 핸드픽트호텔이 들어갔다고 말한 바 있는데, 그들의 선정 기준은 이렇다. "우리가 선정한 전 세계 톱100 호텔이라고 해서 무조건 화려한 5성급 호텔, 대형 호텔 체인을 기대하지 말 것. 호텔의 규모, 브랜드의 크기는 중요치 않다. 독자적이며 평범하지 않고 '캐릭터가 강한 호텔'을 선호한다. 그와 동시에 따뜻한 환영과 편안한 침대, 그리고 마치 집에 온 듯한 느낌을 받을 수 있는 곳. 그게 우리가 톱100 호텔을 선정하는 우리만의 방식이다."

핸드픽트호텔이 한국에서 유일하게 〈모노클〉이 선정한 호텔이 된 이유와, 8개월 만에 손익분기점을 넘긴 기적과 지역주민들의 재방문율이 그렇게 높았던 이유를 이제야 알 것 같다. 그렇다면 핸드픽트호텔의 사례를 어떻게 내 삶에 혹은 내 브랜드에 적용해볼 수 있을까?

한 번 오고 끝이 아닌 두 번, 세 번 오는 곳

사람도 그렇고 브랜드도 마찬가지로 한 번 보고 끝나면 성장은 없다. 두 번, 세 번 자꾸 보고 싶어야 오래간다. 그래서 '어떻게 하면 다시 찾아오게 만들까?'에 대한 깊이 있는 고민을 해야 한다. 세상에는 다양한 방법이 존재하지만 핸드픽트호텔의 사례를 바탕으로 얻은 인사이트가 있다. 그것은 바로 상대를 생각하는 마음이다.

핸드픽트호텔은 젊은 커플이 방문했을 때 '여기가 우리 할머니 할아버지가 데이트하셨던 곳이야'라는 말이 나오도록 하는 게 꿈이라고 한다. 그 꿈을 이루기 위한 핸드픽트만의 핵심은 '자꾸 생각나는 소울플레이스'가 되겠다는 자신의 신념을 바탕으로 상대방과의 관계를 견고히 다지는 것이다.

관계를 다지는 데에는 시간이 걸린다. 인간관계가 그렇듯이 브랜드도 똑같다. 브랜드와 고객 간의 유대를 쌓는 데에는 절대적으로 시간이 필요하다. 호기심에 방문했던 사람이 그곳의 후기를 다른 사람에게 전달하고, 또 그 후기를 보고 관심이 생긴 사람들이 한둘 찾아오면서 차츰 방문이 누적된다. 그렇게 차곡차곡 리뷰가 쌓여가면 서서히 소문이 나기 시작한다. 자주 방문하는 사람이 있다면 자연히 기억하게 될 텐데, 절대 그들을 놓쳐선 안 된다.

브랜드 초기 단계에는 인지도가 낮을 수밖에 없다. 그래서 신규 고객 유치에 온 힘을 쏟곤 한다. 각종 광고와 협찬, 이벤트를 벌이면서 말이다. 그러나 이는 단편적인 방법에 불과하다. 어느 정도 자본이 뒷받침되면 모르겠지만, 그렇지 않은 초기 브랜드나 작은 브랜드는 상황이 여유롭지 않을 수 있다. 이때 실행해볼 방법은 모객 이후 접객에 승부를 거는 것이다. 그리고 나를 자주 찾아줄 사람들에게 최선을 다해야 한다.

정리하면, 신규 고객을 지속적으로 유치하되 신규 고객에만 의지하면 계속해서 비용이 추가되는 상황이 발생한다. 새로운 고객도 좋지만 한 번 이상 나의 브랜드를 경험한 사람들이 또다시 찾아오도록 만들 수 있는 방법을 연구해야 한다.

Making Money Ideas

★ 재방문을 유도하기 위해 나는 어떤 일들을 하고 있는가?
★ 그 행동이 내가 가고자 하는 방향과 결이 맞는가? 아니면 그저 남들이 다 하니까 그렇게 행동하는 것인가?
★ 지인이 되었든 고객이 되었든 돈독한 관계를 쌓은 경험이 있는지 스스로 돌이켜보자.

가격을 열 배 높여도
줄을 서는 기적

소셜 미디어 탓을 하고 싶진 않지만 부정할 수 없는 사실이 있다. 하루에도 세상의 멋지고 잘난 사람들을 너무 많이 접하다 보니 단점이라고 생각하지 못한 것들이 단점으로 보이기 시작했다. 나 자신에 대한 단점일 수도 있고, 내가 운영하는 브랜드가 있다면 경쟁사와 실시간으로 비교하면서 의도치 않게 부족한 점들을 마주하게 된다.

이제부터는 관점이 중요하다. 단점이 발견되면 '엇, 몰랐는데 오히려 좋아!'를 외치며 개선 방향을 잡을 것인가? 아니면 '내가 뭐 그렇지'라며 자기연민에 빠져들 것인가?

모든 것은 상대적이다. 기준을 어디에 두느냐의 문제다. 내 기준으로는 오른쪽이지만 마주 보고 있는 사람에게는 왼쪽이 되는 법이다. 그래서 나에 대한 단점, 내 브랜드에 대한 단점을 어떻게 바라보느냐가 무척 중요하다. 어쨌든 단점을 발견했으면 이를 어떻게든 더 나은 방향으로 개선해야 한다. 그러나 현실은 쉽지 않다. 이유는 여러 가지다. 예산이 부족해서, 시간이 부족해서, 인력이 부족해서, 유학파가 아니라서, 인맥이 없어서 등등.

그러나 이 단점들을 극복해내면 어떻게 될까? 그야말로 한 편의 영화가 완성된다. 보잘것없는 주인공이 결국 온갖 수모와 역경을 이겨낸 이야기는 1,000만 관객을 기록한 영화들의 절대 공식이 아니던가. 단점을 이겨내는 과정과 끝내 극복해내는 시나리오는 완벽한 스토리 텔링이다. 이는 자연스럽게 메이킹 머니로 이어진다. 그러니까 지금 내가 하고 있는 일의 단점이 보이기 시작했다는 것은 나에게도 메이킹 머니의 기회가 도사리고 있다는 의미다.

그렇다면 이제 우리는 이런 고민을 해야 한다. 그럼 도대체 '단점'

을 어떻게 극복해야 할까? 여기에 대한 힌트를 얻고 싶었다. 이 방법만 알면 단점이 발견되어도 기죽지 않고 이를 기회 삼아 메이킹 머니를 할 수 있기 때문이다. 그리고 그 힌트를 경주에 있는 한 스테이에서 찾을 수 있었다.

이곳은 말하자면 단점투성이인 숙소다. 객실은 네 평 남짓, 호텔 유관업 종사자는 0명이고, 심지어 주변에 편의시설이라고는 없다. 그런데 예약이 가득 차 있다. 심지어 다녀온 사람들의 만족도도 매우 높다. 어떻게 된 걸까? 자 그럼 지금부터 경주에 있는 유온스테이에 체크인해보자.

상대의 눈을 멀게 해 공간의 가치를 열 배 높인다

원래 이곳은 오랫동안 방치된 모텔이었다. 모텔 건물 앞에 1층짜리 작은 별채가 있는데, 이곳 또한 사람의 발길이 끊긴 상태였다. 이 두 개의 공간이 유온스테이로 다시 태어났다. 외관만 봤을 때는 살짝 갸우뚱할 수도 있다. 그러나 체크인을 위해 1층으로 들어서는 순간 생각이 180도 달라진다.

보기만 해도 심신이 차분해지는 출입구를 지나 고개를 우측으로

유온스테이의 문이 열리면 가장 먼저 보이는 모습과(왼쪽) 크리스마스 시즌의 웰컴 드링크(오른쪽)

돌리면 예상치 못한 공간이 튀어나온다. 카페 겸 로비와 라운지의 역할을 하는 공간이다. 건물의 겉보기와 달리 실내는 반전 매력을 뽐내고 있다. 나도 모르게 멍하니 공간을 바라보고 있는데 나를 한 번 더 놀라게 하는 게 있었다.

체크인 절차를 밟는데 여기서도 놀라운 디테일이 쏟아진다. 우선 1층 카페&바에 있는 와인, 칵테일, 커피가 1인당 세 잔까지 무료로 제공된다. 체크아웃을 하기 전까지 말이다. 두 명이 투숙하면 총 여섯 잔인 셈이다. 이때부터 나름대로 전략을 짜게 된다. 석식 먹을 때 한 잔, 다음날 조식 먹을 때 한 잔, 스파 하면서도 한 잔 이런 식으로 말이다. 어떤 분은 와인을 석식 때 한 번에 세 잔 시키는 경우도 있었다.

호텔을 150군데 다녔지만 이런 디테일은 처음이다. 너무 궁금한 나머지 유온스테이 대표에게 인터뷰를 요청해 물어보았다. 그는 유온스테이를 기획할 당시 딱 한 가지 생각에 집중했다고 한다. '나라면 무엇을 경험할 때 가장 좋을까?' 그래서 처음에는 무제한으로 제공하려 했다가 무제한이라는 단어에서 느껴지는 '저렴함'이라는 선입견 때문에 세 잔으로 결정했다고 한다.

체크인하면서 석식 먹을 시간과 스파 이용할 시간을 정한다. 참고로 스파는 한 시간 동안 진행되며 이 또한 숙박비에 모두 포함되어 있다. 그러니까 저녁과 스파, 그리고 다음 날 조식까지 모두 제공되니 한마디로 모든 걸 다 챙겨준다고 보면 된다. 체크인하는 도중에 나는 이미 이곳에 반해버렸다. 그러나 아직 끝나지 않았다. 체크인이 끝날 무렵 폴라로이드 카메라를 건네준다. 이곳에 머무는 동안 좋은 추억들을 기록하라는 의미다. 본격적으로 투숙도 하기 전에 사람을 설레게 한다.

1층에 가만히 앉아 있으면 재미난 현상을 볼 수 있다. 책 보는 사람, 노트북 하는 사람, 수다 떠는 사람들도 있지만 유독 삼각대를 세워 서로 사진을 찍으며 시간을 보내는 사람들이 많다. 그들을 보면서 나는 '저 사람들 참 부지런하게도 삼각대를 가지고 다니네'라고 생각했다. 그런데 다 찍고 삼각대를 그 자리에 둔 채 그대로 떠나는 게 아닌가. 뭔가 싶었더니 유온스테이에서 스마트폰 삼각대를 곳곳에 배치해둔 것이다.

천재다 싶었다. 사람들이 알아서 자신의 공간을 퍼다 나를 수 있도록 아주 저비용으로 장치를 깔아놓은 것이다. 그러나 그게 아니었다. 알고 보니 그 삼각대는 손님들이 깜빡하고 놓고 간 것들이었다. 이 분실물들을 버리자니 아깝고, 그렇다고 찾아가지도 않으니 어찌할까 고민하다 이를 활용하기로 한 것이다. 고객의 입장에서는 더 예쁘게 사진을 찍을 수 있으니 좋고, 유온스테이 입장에서는 고객들이 즐거워하고 사진을 예쁘게 찍어 소셜 미디어에 업로드하니 알아서 입소문이 나게 되는 셈이다.

작은 객실도 크게 느끼게 하는 진심 어린 서비스

객실은 정말 말 그대로 작았다. 그 대신 창밖의 뷰를 적극 활용했다. 호수를 정면으로 창이 시원하게 뚫려 있는 덕에 덜 답답했다. 게다가 객실 내에 빔프로젝터가 있어서 아늑한 상영관처럼 느껴진다. 그렇게 객실에 잠깐 머물다 보면 금세 저녁 시간이다.

앞서 이야기했던 '별채' 공간이 여기서 또 한 번 사람을 놀라게 한다. 분명 건물 안에 있지만 작은 숲속에서 식사하는 기분이다. 카메라를 안 꺼낼 수 없다. 굉장히 이색적인 공간에서 저녁을 먹게 되는데 코스요리로 정갈한 음식들이 제공된다. 그리고 체크인할 때 요청한 스파 시간이 되면 별채 뒤쪽으로 이동한다.

꽤 널찍한 공간에서 반신욕을 하며 음료와 간단한 디저트를 먹을 수 있도록 상판까지 준비되어 있다. 미리 켜놓은 향과 따뜻한 물, 그리고 와인 한 잔. 여기가 무릉도원인가 싶다. 이렇게 쉴 새 없이

1 유온스테이의 로비 모습   2 객실에서 바라본 호수 전망
3 유온스테이의 석식 먹는 공간   4 1시간 동안 스파를 즐길 수 있는 공간

무언가를 제공받다 보면 '객실이 좁아도 괜찮아, 그럴 수 있지 뭐'라며 생각이 바뀐다. 아직 이들의 선물 공세는 끝나지 않았다. 아침이 되면 건물 전체에 버터 향이 퍼지는데, 빵 굽는 냄새다. 그리고 얼마 지나지 않아 모든 객실의 문 앞에 피크닉 바구니가 놓이는데 그 안에는 간단한 조식이 들어 있다.

호텔에 가면 평소 일어나지도 않던 시간에 꾸역꾸역 일어나 푸짐하게 차려진 뷔페로 가서 평소 잘 먹지도 않던 아침을 먹는다. 물론 좋은 점도 있지만 숙박비에 쓴 돈을 생각해 굳이 먹는 경우도 있다. 먹고 나면 속이 더부룩해진다. 그러나 여기서는 그럴 일이 없다. 시간에 쫓기듯 서두를 필요도 없고, 막 일어난 몰골을 하고 굳이 바깥으로 나가지 않아도 되며, 무리하지 않고 속이 든든한 정도로만 아침을 맞이할 수 있다.

그렇게 체크아웃 시간이 다가와 객실 키를 반납하러 가면 이번에는 돌아가는 길에 먹을 수 있는 작은 화과자를 준다. 보통의 호텔들은 '웰컴'에만 집중한다. 그러나 사람관계도 그렇듯이 마지막이 좋아야 끝까지 좋은 기억으로 남는다는 것을 유온스테이는 알고 있었다. '웰컴'뿐만이 아닌 '굿바이'에도 신경을 쓴다. 그 작은 정성 하나에 미소 지으며 집으로 돌아갈 수 있다.

여기에 하나 더. 유온스테이는 호텔 출신 직원이 단 한 명도 없는데도 모두 프로급 친절함으로 고객을 응대한다. 오픈하고 현재까지 약 1만여 팀을 응대하면서 불친절에 대한 이야기를 들어본 적이 없다고 한다. 오픈하고 반년 동안은 서비스 매뉴얼마저 없었다. 정말 아무것도 없는 상태에서 초창기 멤버들이 올곧은 마음으로 각자의 역할에 임했고, 새롭게 합류하는 분들은 '아, 저렇게 하는 게 당연한 거구나' 하고 생각하며 따라온 것뿐이다. 사내 문화의 선순환이 이뤄진 셈이다.

가끔은 '식당에서 서빙하고 나오면서 고객의 신발을 정리해야 한다 vs. 서빙하면서 신발 정리하는 건 위생적이지 않아 보일 수 있다'와 같은 이야기로 의견 충돌이 있다고 한다. 하지만 생각의 방향이 다를 뿐 이들 모두가 같은 마음으로 '어떻게 하면 고객이 더 편할 수 있을까?'를 고민하는 것이다. 모든 구성원이 이런 마음가짐을 갖고 있으니 친절함이 자연스럽게 따라올 수밖에 없다. 인터뷰를 하면서도 이들이 정말 진심이라는 게 느껴졌고, 나 또한 이 호텔을 진심으로 추천할 수밖에 없게 되었다.

이들은 '좋은 경험'을 전달하기 위해 '친근함'에 집중하겠다고 말한다. 호텔 하면 응당 생각나는 '환대'와 '공간의 섬세함', 여기에 '친근함'을 한 스푼 더 얹어 '또 오고 싶다'는 생각이 절로 들게 해

마니아층을 두텁게 하겠다는 게 이들의 다짐이다.

유온스테이를 알고 나니 네 평 남짓한 좁은 객실에 대한 생각이 사라지고 오히려 '와, 그렇게까지?'라는 생각이 들지 않는가? 그 생각이 들었다면 유온스테이만의 전략이 들어맞은 것이다. 이들은 자신만의 단점을 명확하게 알고 있었고, 고객이 객실의 넓이에 신경 쓰지 않도록 수많은 장치로 눈과 마음을 사로잡았다. 우리의 눈을 멀게 한 것이다.

더 놀라운 사실은 유온스테이로 리모델링하기 전, 그러니까 이전 소유주가 운영했을 당시의 객실료가 하루에 약 3만 원이었다고 한다. 지금 유온스테이의 객실료는 그 열 배에 달한다. 어떤 생각이 드는가? 앞서 이야기했듯이 단점을 극복하면 메이킹 머니가 된다는 말이 와닿지 않는가? 우리는 유온스테이 사례를 보며 힌트를 얻을 수 있었다.

단점을 잊게 하는 장점 극대화 전략

단점을 갖고 있다면 다른 장점을 극대화하면 된다는 것을 알았다. 그러면 이제 중요한 것은 장점을 '어떻게' 극대화하는가이다.

유온스테이는 고객이 이곳에 들어서는 순간부터 집으로 돌아가는 마지막 순간까지 '작은 만족'들을 끊임없이 제공했다. 유온스테이가 가장 잘하는 것, 즉 '작은 만족을 켜켜이 쌓는 것'이 바로 이들의 핵심 전략이다.

체크인하기 위해 기다릴 때 나오는 웰컴 드링크부터 체크인 시 제공하는 세 잔 무료 음료와 사진 찍으면서 편히 놀라고 깔아둔 삼각대, 그리고 폴라로이드와 객실 안에 설치해놓은 빔프로젝터, 답답함을 없애주는 창밖 전망, 이어서 예상하지 못한 저녁 식사와 1시간 무료 스파, 다음 날 아침 객실 앞까지 갖다주는 간단한 조식부터 굿바이 키트까지. 계속해서 '오, 괜찮네!'라는 반응이 끊임없이 나올 수 있도록 고객이 머무는 모든 동선에 '작은 만족'이라는 장치를 깔아두었다.

유온스테이만의 전략은 사람의 성공 과정과도 닮아 있다. 어떤 목표를 이루기 위해 처음부터 큰 목표를 잡아버리면 하루라도 그 지점에 미치지 못하고 실패했을 때 더 큰 우울감이 찾아온다. 그러면 중도 포기하는 사태가 발생한다. 그래서 많은 뇌과학자와 심리학자들이 작은 성공을 쌓으라고 말한다. 이유는 아주 작은 성공을 이뤘을 때 도파민이 분비되는데, 그 도파민 덕에 우리는 성취감을 느낀다는 것이다. 그렇게 작은 성공을 하나 하나 이뤄

가다 보면 지치지 않고, 우울감에 빠지지 않고 조금씩 더 큰 목표를 향해 나아갈 수 있는 원동력이 생긴다.

이 이야기는 앞서 언급한 '작은 만족'과 매우 비슷하다. 고객들에게 작은 만족을 계속 전달함으로써 그들을 기쁘게 해주는 것이다. 쉴 틈 없이 기쁨을 전달하다 보면 고객들은 이곳의 단점과 맞닥트려도 '그럴 수 있지'라며 비교적 관대해진다.

그렇다면 내가 가진 단점을 극복하기 위해 나는 고객에게 어떤 작은 만족을 전달해줄 수 있을까? 물론 이걸 찾는 것은 어렵지만 활용할 만한 실용적인 팁을 제공하겠다. 많은 자기계발서는 어려운 문제가 있다면 당장 수행 가능한 작은 덩어리들로 분해하라고 조언한다. 이처럼 고객의 여정을 잘게 쪼개면 개선할 여지가 뚜렷하게 보인다.

호텔의 예를 들어보자. 고객이 문을 열고 들어서는 순간, 체크인하려고 기다리는 순간, 체크인하는 순간, 객실로 올라가는 순간, 객실 문을 여는 순간, 객실 안으로 들어가 구경하는 순간, 저녁 먹으러 라운지로 이동하는 순간, 저녁 먹고 산책하는 순간 혹은 한 잔 기울이러 바로 이동하는 순간, 다음날 운동하러 수영장이나 피트니스센터로 가는 순간, 아침을 먹는 순간, 키를 반납하고 체크아웃하는 순간 등이 있다. 여기서 더 잘게 쪼갤 수도 있다. 고객들이 매 순간 '작은 만족'을 느낀다면 어떨까? 도파민이 폭발해 하루 종일 기분 좋은 상태가 될 것이다.

공간뿐만 아니라 제품을 판매할 때도 마찬가지다. 고객이 우연히 우리 제품을 보고 우리 브랜드 인스타그램에 들어와 탐색하는 순간, 살펴보다가 마음에 들어 제품 상세 페이지로 들어오는 순간, 리뷰를 보는 순간, 구매하는 순간, 배송을 기다리는 순간과 받는 순간, 배송이 다 끝나고 제품을 직접 사용하는 순간 등이 있다. 이는 가장 기본적인 고객 여정이다.

이를 더 세분화할수록 나의 경쟁사가 놓치고 있는 부분을 발견할 수 있다. 그 빈틈마저도 작은 만족을 준다면 고객은 경쟁사보다 나의 브랜드를 더 좋게 기억할 것이다.

정리하면, 세상은 넓고 고수는 많다. 소셜 미디어의 홍수 같은 정보 때문에 우린 자의 반 타의 반 매일 누군가와 비교하며 살아간다. 그러다 보면 어쩔 수 없이 나의 '단점'들을 마주하게 된다. 이 단점을 보며 '에휴, 내가 그렇지 뭐…'라고 좌절할 게 아니라 그 단점을 이겨내 더 큰 메이킹 머니를 하는 쪽으로 관점을 틀어야 한다.

그런 다음 단점을 극복하기 위해 장점이라는 무기를 앞세우는 것이다. 그 무기를 잘 사용할 수 있는 효과적인 방법은 바로 '작은 만족을 쌓게 하는 것'이다. 내가 운영 중인 브랜드 혹은 퍼스널 브랜딩도 마찬가지다. 내 고객의 여정을 잘게 쪼개고, 그 여정 사이사이 어떻게 작은 만족을 느끼게 할지 고민해야 한다. 유온스테이가 객실이 작은데도 불구하고 리모델링 전의 열 배 가격을 받으면서 투숙객이 줄을 서는 이유를 잊지 말자.

Making Money Ideas

★ 내가 가진 단점은 무엇인가? 그리고 정말 그것이 단점이라고 생각하는가? 만약 그렇다면 그 단점이 무엇인지 지금 종이 위에 구체적으로 써보자.

★ 그 단점을 가리기 위해 나는 어떤 장점을 앞세울 수 있는가?

★ 고객에게 어떤 '작은 만족'을 줄 수 있는지 생각나는 대로 쭉 써보자.

★ 그리고 당장 오늘부터 그 작은 만족을 만들기 위한 시도를 해보자.

자꾸 생각나게 하는
선한 가스라이팅

우리는 살아가면서 정말 다양한 사람들을 만난다. 어떨 때는 사람들을 많이 만나는 게 좋은 것 같기도 하면서, 어느 때는 상실감과 회의감, 그리고 허무감에 빠져 사람들과의 교류를 싹 끊어내기도 한다. 그런데도 자꾸 생각나고, 자꾸 만나고 싶은 사람이 있다. 도대체 그들에게는 어떤 매력이 있을까?

그 매력의 비결을 알아내면 사업을 하는 데에 큰 도움이 될 것 같다. 사업이든 인간관계든 '재방문'이 전부이니 말이다.

한때 나도 그랬고 의외로 많은 사람들이 '첫 느낌'에만 집중한다. 이렇게 말하면 책의 서두에서는 첫 느낌이 중요하다고 말하더니 이제 와 다른 말을 하느냐고 생각할 수도 있다. 여기서 핵심은 첫 느낌은 물론 중요하지만 첫 느낌만 신경쓰는 건 옳지 못하다는 것이다. 모든 일은 지속가능해야 한다. 한 번 만나고 끝인 순간 미래는 없다. 사람관계든 사업이든 브랜딩이든 똑같다.

사람관계랑 사업, 브랜딩을 함께 묶어 이야기하는 이유가 있다. 브랜드는 사람과 다르지 않기 때문이다. 사람처럼 누군가에 의해 태어나고, 시간이 지날수록 성격이 생기고, 우리 브랜드를 좋아하는 사람들이 생기며, 그들과 관계를 맺는다. 그리고 브랜드가 성장할수록 점점 몸집이 커져 그에 맞는 옷을 새롭게 입어야 한다. 흔히 말하는 '리브랜딩'의 타이밍이다. 그런데 멋지게 태어나 사람들의 이목을 끌다가 사람들과의 관계도 소홀히 하고, 성격도 점점 괴팍해져 이기적인 행보를 보인다면 어떻게 될까? 이내 잊힌 존재가 된다.

메이킹 머니를 하기 위해서는 '자꾸 만나고 싶은 사람' 혹은 '자꾸 만나고 싶은 브랜드'가 되어야 한다는 것을 직감할 수 있을 것이다. 그렇다면 이 지속성을 이끌어내기 위해 어떻게 해야 할까? 이에 대해 고민하다 보니 새치가 부쩍 늘고 스트레스가 극심했다.

정말 순수하게 쉬고 싶은 마음에 강원도 정선으로 발걸음을 옮겼다. 그런데 그때까지는 몰랐다. 이 호텔에서 힌트를 얻을 줄은.

가히 미쳤다, 재방문을 부르는 설계

처음에는 별생각이 없었다. 주차를 마치고 체크인하러 발걸음을 옮겼다. 나무로 된 거대한 자동문이 열리는 순간, '아, 그래! 이런 시간이 필요했어'라는 생각이 절로 들었다. 드넓은 공간이 무언가 빼곡하게 채워져 있지 않고 오히려 비어 있었다. 프런트 데스크가 있고, 옆으로는 조용히 앉아 시간을 보낼 수 있는 로비 공간이 있다. 그리고 거기에는 하염없이 불멍을 할 수 있는 커다란 화구(?!)가 있다. 이런 정경을 보면서 생각을 비워내는 시간이 필요하다 싶었다.

객실로 향하는데 이름도 독특하다. '숙암룸'이라니. 보통의 경우 스탠다드, 디럭스, 프리미어, 스위트 이렇게 나뉘어 있기 마련이다. 그런데 '숙암'이라니? 알고 보니 이 이름에는 재미있는 이야기가 있었다. 춘천을 기반으로 한 고대 소국인 '맥국'이라는 곳이 있었다. 이곳의 갈왕(가리왕)이 고된 전쟁을 피해 큰 바위 밑에 유숙하며 숙면을 취했던 곳이라고 한다. '잘 숙宿'자와 '바위 암巖'

자가 만나 '숙암리宿巖里'라는 지명이 탄생했다고 한다.

그 숙암리에 세워진 파크로쉬리조트앤웰니스. 파크로쉬PARK ROCHE의 '로쉬roche'는 불어로 바위라는 뜻이다. 매일 '바쁘다 바빠'를 외치며 정신없이 살아가는 현대인들이 속세에서 벗어나 숙면, 사색, 재충전의 시간을 가질 수 있는 곳이라는 의미로 지금의 '파크로쉬'라는 이름이 탄생했다. 숙암의 경험을 주기 위해 객실의 한쪽 벽은 바위 소재로 이루어져 있을 정도다. 갈왕 못지않게 하루하루가 전쟁인 우리도 이곳에서만큼은 숙면할 수 있을 것 같다. 그래서 객실 안에는 커피 대신 따뜻한 차가 제공된다. 이런 디테일이라니.

이곳은 고객의 '몸과 마음, 그리고 정신을 가다듬는 경험'을 무엇보다 중요하게 생각한다. 그래서 호텔이라 칭하지 않고 '리조트 & 웰니스'라는 표현을 쓴다. 그렇다면 이 표현을 느낄 수 있는 장치로는 어떤 게 있을까?

우선 파크로쉬 주변에는 정말 아무것도 없다. 중간에 나가려면 차로 최소 10분 이상 이동해야 하고, 도로도 구불구불해서 해가 떨어지면 운전이 여간 귀찮은 게 아니다. 결국 리조트 안에서만 머물게 된다. 그런데 보이는 것이라곤 산, 바위, 그리고 숲뿐이다.

바위, 나무 등 자연 소재를 활용해 심적 평온을 주는 파크로쉬 로비와 객실 공간(위),
자연을 바라보며 쉴 수 있는 야외 수영장과 자쿠지(아래)
전쟁 같은 일상 속에서 잠시 휴전을 외칠 수 있는 곳.
전쟁을 피해 바위에서 숙면을 취했던 곳이라 하여 '숙암'이란 말이 나왔듯 이곳 또한 그 경험을 그대로 이어간다.

들리는 것이라곤 새 소리, 나뭇잎 부딪는 소리, 수영장에서 아이들이 웃는 소리가 전부다. 경적과 짜증이 섞인 목소리는 들을 수 없다. 이미 위치에서부터 웰니스가 시작된다.

야외 수영장에 가 있으면 무릉도원이 따로 없다. 햇빛을 받으며 선베드에 누워 아무 생각하지 않고 시간을 보내는 것부터, 야외 자쿠지에 몸을 담근 채 하염없이 산을 바라보는 것도 좋다. 스마트폰은 객실에 두고 오는 것을 강력하게 권한다. 웰니스를 제대로 하려면 세상과 연결되어 있는 모든 고리를 끊는 것부터이지 않을까. 그 외에도 제대로 수영할 수 있는 실내 수영장, 온갖 스트레스들을 녹여버릴 수 있는 대형 사우나까지 완비되어 있다.

이게 다가 아니다. 이곳의 절정은 따로 있다. 바로 웰니스 프로그램이다. 투숙객 한정으로 진행하는 각종 프로그램이 있는데 그 인기가 상당하다. 네 가지가 넘는 요가 프로그램에 걷기 명상, 숙암 명상, 오늘의 명상, 호흡 명상 등 명상과 관련한 프로그램이 다양하게 준비되어 있다. 숙박 예약과 동시에 프로그램 예약도 할 수 있는데, 파크로쉬에 재방문하는 사람들은 죄다 이 프로그램을 신청한다. 체크인하는 당일에는 야외 수영장부터 사우나까지 즐기고, 다음 날 아침에는 명상이나 요가로 하루를 시작할 수 있다. 정말 호텔의 주장대로 '속세에서 벗어나 숙면, 사색, 재충전의 시간'을 원 없이 갖게 된다. 요즘 같은 세상에서 더없이 귀한 시간이다. 이렇게 완벽한 비일상을 경험하고 몸과 마음, 정신까지 깨끗이 한 다음 일상으로 돌아가면 지칠 때마다 이곳이 떠오르지 않을까? 지금 이 글을 쓰고 있는 순간에도 예약 버튼을 누르고 싶어진다.

실제로 이곳은 글로벌 여행 전문지 〈트래블앤레저〉가 주관하는 '트래블앤레저 럭셔리 어워드 아시아 퍼시픽 2023'에서 당당하게 1위를 차지했다. 게다가 매체에 따르면 재방문율이 높은 곳 중 하나로 손꼽힌다고 한다. 여기까지 설명을 듣고 어떤 생각이 들었는지 궁금하다. 파크로쉬의 브랜딩 스토리부터 실제로 어떤 시설과 프로그램을 운영하는지 살펴보면서 '재방문' 힌트를 얻었는가? 아직 감이 안 잡힌다면 지금부터 집중하자.

당신은 약속을 지켰습니까

앞서 이번 장에서는 '자꾸 만나고 싶은 사람', '자꾸 만나고 싶은 브랜드'에 어떤 비결이 있는지 찾아보기로 했다. 조금 멋지게 말하면 어떻게 해야 '재방문'을 만들어낼까 하는 것이다. 그 힌트를 파크로쉬에서 찾아볼 수 있었는데, 그것은 바로 '약속을 지키는 것'에 있다. 무슨 말일까?

이 책에서 계속 강조하듯이 브랜드는 사람과 같다. 여기서도 사람에 대입해보자. 예를 들어 '나는 다음 달까지 살을 5kg 빼겠어' 혹은 '나는 이번 달에 책 다섯 권을 읽을 거야'라고 본인의 목표를 말했다고 해보자. 그리고 실제로 그 목표를 이뤄내면 우리는 그 사람을 다시 보게 된다. 그리고 멋지다고 생각한다. 그 약속을 안 지킨다고 해서 그 누구도 피해보진 않는다. 그런데도 자기와의 약속을 지켜낸 것이다.

만약 반대의 경우라면 어떨까? 만날 때마다 말로만 '나 한 달에 500만 원 이상 벌 거야', '나 이번에 영업 실적 100건 올릴 거야', '나 이번에 바디 프로필 찍을 거야'라고 번지르르하게 이야기해놓고 하나도 지키지 못한다면 사람들은 그를 더 이상 신뢰하지 않을 것이다. 약속은 아주 중요하고도 무서운 포인트다. 분명 나 자신과 약속했고, 나와의 약속을 어긴 것뿐인데 사람들 사이에서 나의 신용도가 점점 추락한다.

지금까지는 이루고 싶은 '목표'에 한정해 말했지만 '신념'에도 적용할 수 있다. 이를테면 누군가 '혼자가 아닌 함께했을 때 더 큰 시너지가 난다고 믿어'라는 신념이 있다고 해보자. 그런데 본인의 신념과 달리 함께하기는커녕 자꾸 개인행동을 하고 혼자 독식하려는 모습을 보인다면 어떨까? 우리는 과연 그 사람을 믿을 수 있을까? 쉽지 않을 것이다. 브랜드도 똑같다.

브랜드마다 각자 내거는 슬로건이 하나씩 있기 마련이다. 나이키의 'Just Do It', 아마존의 'From A to Z', 애플의 'Think Different' 같은 것들이다. 이 슬로건은 자기 자신과의 약속인 동시에 고객과의 약속이다. '우리는 이런 식으로 움직이겠습니다'라고 공표한 것이다. 이런 선언 이후 슬로건과 일치하는 결과를 만들어내면 사람들은 박수갈채를 보낸다. 자신의 선언을 스스로 지켜내고 이뤄내는 모습을 보았으니 자연스럽게 신뢰가 갈 수밖에 없다. 그 덕에 이들의 소식이 자꾸 궁금해지고, 믿고 경험하게 되니 반복적으로 브랜드를 접하면서 재방문, 재사용하는 비율이 점점 높아진다.

파크로쉬의 '우리 호텔은 속세에서 벗어나 숙면, 사색, 재충전의 시간을 가질 수 있는 곳입니다'라는 선언처럼 실제 이용객들은 그 말이 그냥 하는 소리가 아니라는 것을 경험했다. 파크로쉬는 고객과의 약속을 지키기 위해 브랜드 철학부터 시설, 그리고 각종 웰니스 프로그램까지 수많은 장치들을 깔아두었다. 자연스럽게 고객들은 숙면, 사색, 재충전이라는 일관된 경험을 할 수 있다.

고객과의 약속을 지키는 호텔에 감동한 이용객들은 이 브랜드를 높이 신뢰하게 된다.

그런데 간혹 '멋있어 보이는 말'들을 쭉 나열해놓았는데 정작 무슨 말인지 잘 이해되지 않는 경우가 있다. 이런 슬로건 혹은 약속은 대개 추상적인 말로 가득하다. 여기서 중요한 것은 '초등학생도 이해할 수 있을 정도'로 간단명료해야 한다는 점이다. 그리고 나 자신도 반드시 지킬 수 있는 약속이어야 한다. 멋있거나 화려할 필요 없다. 진짜 멋은 말만 하는 게 아니라 행동으로 옮겨 약속을 지켰을 때 나온다. 새겨두자. 고객이 두 번, 세 번 오게 만드는 비결은 내가 고객과 한 약속을 얼마나 지켰는가에 달려 있다. 공수표 던질 생각 말고 반드시 지킬 수 있는 약속을 하자. 그리고 약속은 꼭 지키자. 파크로쉬처럼.

Making Money Ideas

★ 나 자신과 어떤 약속을 할 것인가? 나의 고객들과 어떤 약속을 할 것인가?
★ 그 약속을 지키기 위해 지금 내가 해야 하는 일은 무엇인가?
★ 그 약속은 멋져 보이기 위한 것인가, 아니면 진짜로 지켜내고 싶은 것인가?
   솔직하게 돌아보자.

'웰컴'보다
더 필요한 건 '굿바이'

첫인상이 중요하다고는 하지만 우린 너무 '환영'에만 집중한다. 잠시 어떤 사람을 처음 만났을 때를 떠올려보자. 첫인상도 좋고 대화 코드도 무척이나 잘 맞아 함께 있는 시간 동안 시간 가는 줄 모른 채 상대의 매력에 빠져들었다. 그렇게 점점 시간이 흘러 헤어져야 하는 시간이다. 헤어지는 마지막 순간까지 함께 하고픈 마음에 천천히 걷고 있는데, 그가 어떤 사람과 어깨를 부딪쳤다. 그런데 그가 갑자기 어깨를 부딪친 상대방에게 화를 내는 게 아닌가. 헤어지는 순간 그런 모습을 마주하면 지금까지 느낀 좋은 인상은 온데간데없이 사라지고 불같이 화를 내던 마지막 모습만 기억하게 된다.

이것을 나는 끝인상 효과라고 부른다. 다시 말해 첫인상이 아무리 좋아도 마지막 헤어지는 순간을 망치면 지금껏 공들여 쌓은 탑이 와르르 무너지는 것이다. 그런데 반대의 경우라면 어떨까? 첫인상은 그냥저냥 좋지도 나쁘지도 않았는데 헤어지는 마지막 순간에 인상 깊은 모습을 보인다면 상대방에 대한 관점이 완전히 달라진다. 그리고 기억을 살짝 과장해 상대방의 좋은 면만 기억하게 된다.

물론 첫인상을 좋게 하는 것도 중요하다. 호텔 문을 열고 들어서자마자 웰컴 드링크를 제공하는 경우, 고객에게 소정의 선물을 증정하는 웰컴 키트, 고객이 길을 헤매지 않고 편안하게 이동할 수 있도록 발렛 주차는 물론 객실까지 짐을 대신 들어주며 동행하는 에스코트 등등. 호텔을 비롯한 수많은 브랜드가 '어떻게 첫인상을 훌륭하게 만들까?'에 대해 심도 있는 연구를 거듭한다.

그러나 마지막 순간에 대한 고민은 비교적 적은 듯하다. 대부분의 호텔은 체크아웃할 때 카드키를 반납하는데, 이때 직원들이 '투숙은 어땠는지' 물어보는 정도다. 혹은 복잡한 절차 없이 빠르게 퇴실할 수 있도록 '익스프레스 체크아웃Express Checkout'이라고 해서 키를 반납하는 통 안에 넣고 바로 나가는 곳도 있다.

더군다나 퇴실 시간에는 투숙 인원이 우르르 몰리기 때문에 '굿바이'를 꼼꼼하게 챙기기란 현실적으로 어려워 보이기도 한다. 비대면으로 운영하는 독채 스테이 경우에는 '굿바이' 하는 순간을 확인하기가 어렵다. 하지만 그래서 더 기회가 될 수도 있다. 쉽게 놓칠 수 있는 마지막 순간마저 섬세하게 신경 쓴다면 브랜드를 경험한 느낌이 두 배는 더 좋아질 것이다.

감동의 끝인상이 재방문을 부른다

앞서 소개한 유온스테이는 체크아웃하고 집으로 돌아가는 길에 출출함을 달랠 수 있도록 화과자를 건네주었다. 당시 연말 시즌이라 한정 이벤트였을 수도 있으나 마지막까지 좋은 인상을 주었기에 나는 주변 지인들에게 이 이야기를 꼭 전하곤 한다. 한편 굿올데이즈호텔은 이곳에 머물며 기록했던 엽서를 체크아웃하고 약 1년 뒤 고객의 집으로 배송해준다. 잊고 지내다가 엽서를 받는 순간 그때의 기억이 새록새록 떠오르면서 다시 가고 싶게 만든다.

끝인상까지 놓치지 않는 유온스테이의 '굿바이' 화과자

여기서 힌트를 얻으면 한 발 더 발전시킬 수 있다. 집으로 돌아가는 길에 들으라고 호텔 콘셉트에 부합하는 플레이리스트를 공유해줄 수 있다. 음악 못지않게 향 또한 기억에 오래 남는다. 그래서 호텔의 색에 어울리는 시그니처 향이 있다면 그걸 작은 용기에 소분해 체크아웃할 때 '우리와 함께한 기억을 오래 간직하세요!'라며 건네는 것도 괜찮은 방법이다.

꼭 무언가를 고객에게 쥐어주는 것만이 정답은 아니다. 하지만 체크아웃 시간은 바쁘게 운영되므로 짧은 시간 내에 끝인상을 좋게 할 수 있는 효과 좋은 방법이다. 혹은 타지에 있는 호텔에 묵은 뒤 체크아웃하고 택시를 타려 할 때 직원이 더 빠르게 가는 경로를 알려주며 택시를 잡아주는 방법도 있다. 또 새벽 비행기라 조식을 챙기지 못하는 고객에게 조식을 포장해주면 어떨까? 또는 숙소 주변에 정말 아무것도 없는 상황이라면 직원들이 직접 가본 식당 중 괜찮은 곳들을 선별해 리스트로 만들어 체크아웃할 때 제공하는 것도 좋은 방법일 수 있다.

앞서 말한 모든 예는 실제로 내가 경험한 것들이다. 처음의 환대가 마지막 순간까지 이어지는 게 가장 중요한 메이킹 머니라는 말을 하고 싶었다. 우리가 살아가는 사회는 관계로 이뤄져 있다. 생산자와 소비자, 유튜버와 구독자, 팔로워와 인플루언서, 나를 가장 잘 보여줄 수 있는 친한 친구들, 같은 꿈을 그려 나가는 일터의 동료 등등. 모든 것은 결국 사람으로 시작해 사람으로 끝난다. 그래서 끝인상의 핵심은 '끝까지 나를 생각해주고 있구나'라는 느낌이 들게 하는 것이다.

그러니 좋은 끝인상을 남기기 위해 마지막 순간까지 긴장을 놓쳐서는 안 된다. 어떻게 하면 상대방이 챙겨주고 있다는 생각을 들게 할 수 있을지 끝없는 고민을 해야 한다. 이 고민을 효율적으로 해결하기 위해선 이런 방법도 있다. '마지막 순간에 상대방에게 필요한 것은 무엇일까?', '마지막 순간에 고객이 느끼는 불편함은 어떤 것이 있을까?' 이 두 가지를 중심으로 생각을 뻗어나가 보자. 힌트를 얻을 수 있을 것이다.

Making Money Ideas

★ 나와 아주 가까운 사람과 함께할 때 헤어지는 순간에 한번 집중해보자. 어떻게 하면 마지막 순간에 상대방을 기쁘게 할 수 있을까?

★ 그 고민에 이어 지금 내가 운영하는 브랜드가 고객과 '웰컴'의 순간 말고 '굿바이' 하는 순간은 언제일까? 그리고 그 타이밍에 어떻게 좋은 기억을 심어줄 수 있을까?

어떻게 상대방을
'은근하게' 유혹할 수 있을까

4

3

2

1

위험하다. 〈포브스〉 발표에 따르면 아침에 눈을 뜨는 순간부터 눈을 감는 순간까지 우린 1만 번의 유혹을 받는다고 한다. 자의든 타의든 노출되는 광고와 콘텐츠들을 소비하며 '우리 제품, 우리 서비스 구매하세요'라는 말을 듣는 것이다. 하루에 1만 번이란 것은 1분에 약 일곱 번의 유혹을 받는다고 생각하면 된다. 피로감을 느낄 수밖에. 그런 와중에 옆에서 자꾸 무언가를 팔려고 한다면 어떨까? 피하고 싶어진다. 그래서 점점 더 파는 게 아닌 '사고 싶게' 만들기 위한 기술들이 정교해지고 있다. 대놓고가 아니라 '은근하게' 소비자에게 접근한다. '사세요'가 아닌 '안 사도 되니 편하게 구경하세요'라는 식으로 소비자와 거리를 두고 배려하는 방식이 점점 늘고 있다. 오히려 '사고 싶게' 말이다. 나와 내 브랜드에도 어떻게 하면 그 방법을 적용할 수 있을까? 호텔에서 그 힌트를 찾아보자.

호텔 콜라는
왜 한 캔에 6,000원일까

"어어, 그거 건드리는 거 아니야! 내려놔. 함부로 손댔다간 큰일 난다." 호텔에 가는 사람들끼리 우스갯소리로 하는 말이다. 호텔 경험이 아예 없거나 잘 모르는 사람이라면 충분히 할 수 있는 실수 중 하나다. 비싼 값 치르고 객실에 들어왔는데 세상에 친절하게 먹고 마시라고 냉장고에 이것저것 구비해놓았다. 신이 난 나머지 입으로 털어 넣으면 어떻게 될까? 다음날 눈물을 머금고 추가 결제를 하게 될 것이다. 그래서 호텔 경험이 있는 사람들은 잘 안다. 객실 안에 있는 모든 것이 '무료'가 아니라는 것을.

특히 주류, 스낵류, 음료가 예쁘게 세팅되어 있으면 더더욱 경계하기 마련이다. 편의점 가서 1,000원에 살 수 있는 콜라가 여기서는 5,000~6,000원이다. 신나서 집어 들었다가 깨알 같은 글씨로 적혀 있는 가격표를 보고 입맛이 뚝 떨어져 원래의 위치에 되돌려 두곤 한다. 그래서 많은 사람들이 물어본다. "아니 대체 이렇게 가격이 비싼데 누가 미니바를 사용하나요?"

사실 미니바는 호텔이 얼마나 메이킹 머니에 특화되어 있는지 잘 알려주는 장치이기도 하다. 그리고 호텔에 갔을 때 지식 자랑하기에도 딱 좋은 이야기이니 참고하면 좋다. 미니바는 냉장 기술의 발달과 맥을 같이 한다. 기술과 관련한 이야기는 거두절미하고 바로 본론으로 들어가면, 미니바를 널리 퍼트린 호텔은 힐튼 홍콩이다. 이들이 호텔에 미니바를 넣은 이유는 무엇일까? 의외로 간단하다. 매출의 극대화를 위해서다. 온라인 사업과는 달리 호텔은 매출의 상한선이 뚜렷하다. 왜냐하면 객실 수가 정해져 있기 때문이다. 그래서 객실 외에 식음업장, 회원권, 피트니스센터, 스파 등 부가서비스로 추가 수익을 얻는다.

이런 상황 속에서 미니바는 당시 혁신적인 아이디어였다. 어쩌면 단순히 '냉장고'라고 표현하며 '고객님께서 가지고 온 음료나 음식들을 냉장 보관하세요'라고 말할 수도 있었다. 그러나 여기에 주류와 각종 음료를 넣으면서 객실 안의 작은 바라고 표현했다. '보관'에서 '영업장'으로 프레임을 달리 한 것이다. 힐튼 홍콩이 1974년에 미니바를 도입한 뒤 어떤 변화가 일어났을까? 매출이 500% 상승했다. 이러니 당연히 호텔 운영자들이 너도나도 미니바를 도입하고 싶을 수밖에 없지 않았을까?

이런 시스템이 가능했던 이유는 편의점의 탄생과도 이어진다. 지금이야 어딜 가든 호텔 근처에 편의점이 있고, 하다못해 호텔 건물 안에 편의점이 입점하는 경우도 허다하다. 24시간 내가 원하는 물품을 구매할 수 있다. 그러나 당시는 1974년이라는 점을 유념하자. 편의점의 역사라고 불리는 세븐일레븐이 홍콩에 가장 처음 들어온 것은 1981년이다. 물론 크고 작은 마켓이 있긴 했지만 지금처럼 24시간 운영하는 시스템은 없었다. 그러니 힐튼 홍콩에 머무르는 투숙객들에게는 달리 대안이 없었다. 객실 안에 있는 바가 오히려 고마웠을지도.

여전히 호텔 콜라가 비싼 이유와 미니바의 존폐 여부

오늘날에도 미니바를 열면 각종 주류와 음료들이 칼 각으로 서 있는 것을 심심찮게 볼 수 있다. 여전히 가격은 편의점에 비해 최소 두세 배 비싸다. 똑같은 물품인데 도대체 왜 그렇게 비싼 걸까? 크게 두 가지 이유가 있다.

첫째는 편의를 제공한 것에 대한 비용이다. 고객이 객실 바깥으로 나가지 않고 편하게 꺼내 먹을 수 있게 하기 위해서는 유지비용이 들어간다. 수시로 유통기한을 체크하고 폐기하고 새로 채워넣고 하는 과정들이다. 객실을 정비하면서 미니바까지 점검해야하는데 그때 들어가는 인건비다. 그게 뭐 대단하냐고 생각할 수있지만, 실제로 어떤 고객은 주류를 마셔놓고 다른 액체를 채워넣어 안 마신 것처럼 미니바에 고스란히 두고 가는 경우도 있다. 그래서 꼼꼼하게 점검해야 한다. 그에 따른 인건비가 들어갈 수밖에 없다. 그래서 투숙객 한 명의 편리함을 제공하기 위해 들어가는 비용이 미니바 금액에 포함되어 있다.

둘째는 호텔 내 식음업장 이용을 유도하기 위해서다. 여행 리서치 전문가 게일 휴스Gail Hughes에 따르면 미니바의 비싼 가격이 호텔 내 레스토랑이나 바를 이용하게 만든다고 한다. 쉽게 말해 '이 돈 주고 미니바에 있는 거 마실 바엔 차라리 진짜 바에 가는 게 낫겠다'라며 호텔 내의 바를 이용하는 것이다. 객실 안에 비치되어 있는 맥주 한 캔의 금액이 분위기 있는 호텔 바에서 마시는 맥주 금액과 비슷하거나 거의 동일한 경우가 있다. 같은 값이면 분위기 좋은 공간에서 한잔하는 게 낫지 않을까? 미니바는 호텔 내에서의 추가 소비를 유도하는 역할을 하기도 한다. 편리함이냐, 분위기냐! 선택은 각자의 몫이다.

하지만 여전히 사악하게 느껴지는 미니바의 금액. 옛날이야 대안이 없었으니 투숙객들이 미니바를 사용했다지만, 요즘은 그럴 일이 없다. 우리나라뿐만 아니라 전 세계 주요 핵심 도시에는 무조건 편의점이 있다. 게다가 스마트폰이 보급된 이후 실시간 가격 비교를 통해 좀 더 저렴하게 원하는 물건을 구할 수 있다. 이런 흐름 속에서 호텔의 미니바는 과연 괜찮은 걸까?

〈워싱턴포스트〉에 이런 제목의 기사가 실린 적이 있다. '천천히 죽어가는 호텔 미니바The long, Slow death of the hotel mini-bar.' 여기에 쐐기를 박는 전 세계 대형 호텔 기업인 메리어트의 CEO 어니 소렌슨Arne M. Sorenson의 말 한마디로 모든 게 정리된다. "미니바에서 값비싼 요금을 청구하는 만큼 미니바에서 돈을 벌지 못한다는 사실에 많은 사람들이 놀랍니다."

대체제가 워낙 많아지다 보니 미니바의 수요가 점점 줄어들었다. 게다가 미니바 제품 재고 관리, 충전, 유통 기간에 따른 낭비 등 호텔 입장에서는 운영 비용이 많이 따른다. 거기에 괴도 뤼팽들과 끝없는 전쟁을 해야 한다. 먹었는데 안 먹었다고 하기도 하고, 마시고 다른 액체로 채워 넣기도 하는 등 별별 방법으로 속고 속이는 싸움이 계속된다. 이쯤 되면 호텔 입장에서는 객실을 정비하기도 바쁜데 여기에 인건비를 들여가며 관리하는 게 오히려 손실로 이어진다. 호텔은 점점 미니바 안에 있는 주류와 음료를 빼기 시작했다. 무료로 제공하는 생수 두 병만 남긴 채.

비싼 미니바는 꼭 사라져야만 하는 무용지물일까

그러면 이제 미니바는 시대에 맞지 않으니 사라져야 할까? 그렇지 않다. 미니바도 시대에 맞게 진화해야 한다. 요즘 흔히 볼 수 있는 게 '무료 미니바'다. 어차피 기능을 잃은 미니바라면 고객 서비스용으로 바꾸는 게 훨씬 낫다고 판단한 것이다.

미니바 안에 들어 있는 주류 외의 음료를 무료로 제공하는 곳들이 생겨나기 시작했다. 미니바는 손대면 큰일 나는 값비싼 것이라는 인식이 아직도 있지만 '무료 미니바'를 접하면 투숙 경험의 만족도를 높일 수 있다. 간혹 맥주와 함께 곁들이기 좋은 야식류로 채우기도 하고, 월드컵과 같은 세계적인 이슈가 있을 때는 그에 걸맞는 미니바를 기획해볼 수도 있다.

또는 호텔이 있는 지역의 특산물이나 그 지역에서 생산된 농산물과 연계해 미니바를 구성하는 것이다. 이를테면 양조장으로 유명한 지역이라면 해당 지역에서 만든 술을 미니바에 비치하는 형태다. 혹은 그 지역의 대표 음식을 비치하기도 한다. 만약 부산이라면 부산어묵, 부산의 양조장에서 만들어진 맥주, 부산에서 태어난 로스팅 커피, 부산에서 만들어진 우유와 치즈 등등. 아예 그 지역을 통째로 미니바에 들여놓는 셈이다. 이천이었다면 쌀일 수도 있고, 가평이라면 잣이 될 수도 있다. 이처럼 지역과 연계해 미니바를 구성하는 것도 요즘 많이 보이는 추세다.

언제 어디서든 경험할 수 있는 기성품보다는 위와 같은 방식이 훨씬 의미 있다고 생각한다. 그 호텔에 대한 경험이 풍부해질뿐더러, 간단한 먹거리로 그 지역을 간접적으로 느낄 수도 있기 때문이다. 그것도 객실 안에서 쾌적하고 편하게 말이다. 그러나 앞서 말한 지역들과 달리 색이 뚜렷하지 않은 경우도 있다. 그럴 땐 어떻게 해야 할까? 방법이 있다.

각 호텔마다 자신들이 강점이라고 생각하는 것들이 하나씩 있기 마련이다. 호텔마다 시그니처 메뉴가 있는 것도 같은 맥락이다. 호텔 바의 가장 인기 있는 메뉴 하나를 미니바에 비치해둘 수도 있다. 처음에는 객실에서 무료로 경험해보고, 마음에 들면 바로 자리를 옮길 수 있게 만드는 것이다. 일단 먼저 먹고 마셔봐야 알게 아닌가. 그렇게 미니바를 알차게 구성하면서 추가 수익까지 노릴 만한 방법을 택하기도 한다.

10년이면 강산이 바뀐다고 했는데 요즘은 5년 단위로 바뀌는 것 같다. 빠르게 바뀌는 만큼 빠르게 도태되기도 한다. 한때 매출을 500% 끌어올렸던 미니바는 세월이 지날수록 시대의 변화, 운영 상의 문제점 등으로 실효성이 점점 떨어지고 있다. 그러나 관점을 조금만 달리하면 분명 현시대에 맞는 아이디어가 나온다고 믿는다. 그리고 그것은 곧 메이킹 머니가 된다. 현재 내가 몸담고 있는 분야에서 점점 세월에 뒤처지는 무언가가 있다면 다른 시선으로 바라보자. 단순 냉장고의 보관 기능에서 벗어나 객실 안의 영업장으로, 이젠 영업장에서 다채로운 경험을 할 수 있는 '체험존'으로 미니바의 프레임이 계속 바뀌어온 것처럼.

Making Money Ideas

★ 자, 미니바에 대한 내용을 읽었으니 만약에 '나'라면 미니바를 어떤 색다른 관점으로 기획할지 마구 떠올려보자. 정답은 없다.

★ 바로 위의 내용을 바탕으로 내가 몸담고 있는 분야에서 세월이 지나 변화가 필요한 고착화된 관습이 있다면 이를 다른 관점으로 바라볼 수 없을지 고민해보자. 호텔 미니바가 변화하는 것처럼.

아낌없이 주는 나무가
무럭무럭 자라는 이유

생각해보면 참 말도 안 되는 일이 많았다. 10년 전만 해도 침대를 구매하려면 백화점이나 가구 매장에 전시된 침대에 몇 번 누워보고 만져보고 하다가 수십만 원에서 많게는 수백만 원을 결제하곤 했다. 어디 침대뿐인가. 고가의 각종 가전제품, 가구, 전자기기 등 이게 정말 나의 몸에 맞는지, 생활 패턴에 적합한지 제대로 확인해볼 틈도 없이 구매로 이어졌다. 우리가 의지할 정보라곤 판매사원의 이야기와 주변 지인들의 평가, 그리고 마지막으로 나의 올바른 판단뿐이었다.

그런 풍경도 이젠 다 옛말이 되었다. 침대 매트리스를 100일간 먼저 써보고 마음에 들지 않으면 환불해주는 '삼분의일'이란 회사가 등장했다. 온라인으로 안경을 구매할 때 직접 써볼 수 없는 불편함이 있는데 안경숍 '와비파커'는 실제 안경 프레임과 동일하게 만든 종이로 된 샘플을 집으로 보내줘 제대로 느낌을 볼 수 있게 함으로써 전 세계적으로 인기를 끌었다. 이뿐만이 아니다. 각 분야마다 '일단 먼저 경험해보고 마음에 안 들면 무조건 환불해줄게'라는 기조가 깔리기 시작했다. 그래서 어떤 제품과 서비스는 먼저 사용해보고 구매 여부를 결정하는 게 기본이 되었다.

이처럼 오늘날에는 경험을 매우 중요하게 여긴다. 정확히 말하면 '미리 경험'이라는 표현이 더 적합하겠다. 수요보다 공급이 과할 정도로 많은 세상에서 우리는 남들이 좋다면 덩달아 구매하는 게 아니라 정말 '나에게 딱 맞는' 소비를 하고 싶어 한다. 10년 전에 비하면 많은 것들이 바뀌었는데도 여전히 개선해야 할 분야가 많다.

이를테면 운동화를 구매하기 전에 직접 신고 뛰어볼 수는 없을까? 그래서 나이키는 매장에서 운동화를 구매하기 전에 직접 신어보고 러닝머신 위를 달려볼 수 있게 하는 곳도 있다. 그렇다면 더 나아가 카메라 역시 하루 정도 미리 사용해볼 수는 없을까? 살면서 가장 큰돈을 지불하는 집의 경우 계약하기 전에 3일 정도라도 미리 살아볼 수는 없을까? 아직도 우리의 삶 속에는 '미리 경험'이 적용되어야 할 분야가 많다.

가구도 마찬가지다. 삶의 질을 가장 크게 좌우하는 것은 바로 집이다. 사무실을 제외하면 하루 중 가장 오랜 시간을 머무는 공간이자 나의 취향이 고스란히 묻어나는 유일한 공간이다. 그리고 그 집의 안락함과 쾌적함을 결정짓는 것은 나에게 꼭 맞는 가구들이다. 그러나 가구는 부피가 큰 것들이 많아 내 집에 가져와 미리 사용해보는 게 여의치 않다. 그러려면 기존 가구들을 먼저 빼내야 하는 등 귀찮고 힘든 일이 한두 가지가 아니다. 우리가 원하는 것은 그저 '내가 사용하기에 잘 맞는 가구인지' 확인하고 싶은 것뿐이다. 그렇다면 전시장에서 아예 생활해볼 수는 없을까? 적어도 하루 정도는 살아봐야 할 것이다. 지금부터 이런 생각을 한 어느 가구회사의 이야기가 시작된다.

가구라면 적어도 하루 정도는 써봐야지

이 가구회사는 조금 독특하다. 국내 가구 디자이너들의 실력이 해외 못지않다는 것을 증명하기 위해 국내 디자이너 가구 브랜드를 성장시키고, 함께 성장하는 회사다. 이름은 '무브먼트랩'이다. 단순 가구를 넘어 삶의 전반을 다루기에 리빙 브랜드라고 칭하는 게 맞을 것 같다. 고객들이 직접 가구를 경험할 수 있도록 다른 가구 브랜드처럼 큰 전시장을 갖추고 있지만 이들은 한계를 느꼈다.

전시장에 와서 상담하고 만져보고 느껴보고 하는 시간은 길어야 고작 한 시간 내외다. 가구는 한 번 구매하면 최소 3년에서 5년 혹은 10년 이상도 사용하기에 신중히 선택해야 한다. 무브먼트랩은 고민의 시간이 너무 짧은 상태에서 수백만 원을 결제해야 하는 것은 불완전 판매라고 생각했다. 이들은 고민하기 시작했다. '잠시 만져보는 게 아니라 진짜 생활하듯이 사용할 수 있게 해줄 수는 없을까?' 그리고 이들은 번뜩이는 아이디어를 찾아냈다. 그건 바로 무브먼트랩의 가구와 소품들로 가득 채운 '스테이'를 만드는 것이다. 이름하여 '무브먼트스테이'다.

무브먼트스테이에 머물면 체크인하고 체크아웃까지 최대 21시간 동안 직접 가구를 사용해보며 농도 짙게 경험할 수 있다. 가구를 사지 않고 휴식의 목적으로 와도 이 스테이에 대한 설명을 듣고 나면 '아, 이런 브랜드도 있었구나'라며 가구 브랜드에 관심을 갖게 된다. 이사를 곧 앞둔 사람이거나 집을 조금 더 감도 높게 꾸

무브먼트스테이 양양의 전경(위), 무브먼트스테이 이천의 전경(아래)

이들은 가구를 잠깐 만져보고 구매를 결정하는 것에 의문을 가졌다.

이에 '하루 동안 살아보면서 가구를 제대로 경험해볼 수는 없을까?'라는 생각을 가지고 출발했다.

숙소를 넘어 하나의 체험관으로 확장되는 순간이다.

미는 취향이라면 혹할 수밖에 없다.

온라인에서만 봤던 제품 중 궁금했던 가구가 스테이에 들어가 있으면 바로 가서 직접 써보고 싶지 않을까? 막상 써보니 잘 안 맞을 경우에는 불필요한 소비를 하지 않아서 좋고, 오히려 생각 이상으로 좋아서 구매 결정을 내릴 수도 있다. 소비자 입장에서는 선택의 확신을 줄 수 있는 공간이기도 하다. 휴식을 위한 스테이이기도 하지만 하루 종일 가구와 소품들을 경험할 수 있는 '체험관'이기도 하다.

최소 하루 이상을 가구와 교감하며 살아보기에 전시장에서 몇 분만져보고 느끼는 것과는 차원이 다를 수밖에 없다. 현재 무브먼트스테이는 양양과 이천, 이렇게 두 군데에 위치해 있다. 위치마다 전체 콘셉트가 조금씩 다르다. 그러나 두 군데 모두 객실 이름을 동일하게 사용한다. '감'과 '섬'이다. 각각 '가다'와 '서다'의 의미를 담고 있다.

객실 '감'은 다소 동적인 분위기다. 반면에 객실 '섬'은 '감'에 비해 차분한 분위기다. 그래서 동적인 분위기의 객실은 톤 자체가 밝고, 색감이 톡톡 튀는 가구들을 사용했고, 정적인 분위기는 무채색 혹은 짙은 색을 사용해 묵직한 느낌을 자아낸다. 이렇게 상반

무브먼트스테이 이천 '감' 객실의 동적인 모습(맨 위), 무브먼트스테이 이천 '섬' 객실의 정적인 모습(가운데),
무브먼트스테이 양양에서 경험할 수 있는 웰컴 키트와 그 안에 들어 있는 다양한 브랜드 제품 리스트(아래)

된 느낌으로 준비되어 있으니 취향에 따라 선택하면 된다. 사람마다 자신이 선호하는 집의 분위기가 다르다. 밝고 화사한 분위기를 선호하는 사람이 있는가 하면, 차분하고 묵직한 분위기를 선호하는 사람도 있을 것이다. 물론 잘게 쪼개면 더 다양한 취향이 있겠지만 크게 두 종류로 분류해볼 수 있다.

보통의 호텔이나 스테이의 경우 객실 등급에 따라 크기와 디자인이 조금씩 달라질 뿐 같은 등급이라면 디자인이 모두 똑같다. 아무래도 객실 디자인이 모두 다르면 설계, 디자인, 건축 단계에서 비용적인 문제가 발생하기 때문이다. 그래서 객실이 여러 개 있는 호텔이나 스테이의 경우 대개가 객실 디자인이 똑같거나 비슷하다. 그렇기에 무브먼트스테이처럼 본인의 기호에 따라 객실을 선택할 수 있다는 것 자체만으로도 매력적이다.

무브먼트스테이에 방문하면 묵직한 웰컴 키트를 받게 된다. 이 웰컴 키트 안에는 커피, 차, 향 등 무브먼트랩과 함께하는 브랜드 제품이 큐레이션되어 있으며 이 공간이 어떤 곳인지 쉽게 이해할 수 있도록 설명도 해놓았다. 이를 알고 나면 공간이 다시 보일 것이다. 평소 잘 몰랐던 '가구'에 대해 혹은 '나도 몰랐던 내 가구 취향'에 대해 자연스레 고민해보는 시간이 되지 않을까 싶다. 웰컴 키트 안에 있는 제품들도 경험해보면서 말이다.

무브먼트랩은 매번 전시장에서 1시간 내외의 얇은 경험으로 값비싼 선택을 내려야 하는 고객들의 고충을 현명하게 풀어냈다. 아직도 수많은 분야에서 '미리 경험'의 시간이 부족한 경우가 많다. 혹은 '어차피 사지도 않을 텐데 미리 경험까지 시켜줄 필요가 있나?'라고 생각할 수도 있다. 그러나 '미리 경험'의 힘은 생각보다 막강하다.

미리 경험시켜줄 거라면 확실하게

마트에 가면 시식 코너가 있다. 먹어봐야 맛을 알고 맛을 알아야 구매를 한다. 그렇다면 고가의 제품일수록 더하지 않을까? 고객들은 당연히 이것저것 더 많이 따져볼 것이다. 한두 푼 하는 금액이 아니기에 더욱 신중해질 수밖에 없다. 요즘 인스타그램이나 유튜브 같은 소셜 미디어에 보면 '제품 무료 체험'이 많다.

그런데 간혹 무료 체험 기간 이후 우리도 모르는 사이에 자동으로 결제가 되는 경우도 있다. 또 무료 체험을 하려면 회원가입, 개인정보 등을 제공해야 하고 이를 해지하려면 까다로운 절차를 거쳐야 한다거나 하는 식으로 무료 체험이 일종의 '미끼'가 되어버리는 경우가 있다. 혹은 온라인 강의로 예를 들어보자. 미리보기

강의를 몇 개 보여주는 경우들이 많다. 당연히 핵심 내용을 공개하는 경우는 흔치 않다. 큰 기대를 하고 결제했는데 기대에 못 미쳐 크게 실망하는 상황도 더러 있다. 제품이나 서비스가 고가일수록 문제는 커진다.

이런 일들이 쌓이다 보니 '무료 체험'이나 '미리 경험하게 하는 것'에 대한 인식이 안 좋아질 수밖에 없다. 나를 비롯해 지금 이 책을 읽고 있는 여러분이 한 가지 약속해야 할 게 있다. '미리 경험'은 고객의 신중한 선택을 돕는 것이다. 그래서 미끼처럼 활용해서는 안 된다. 대신 한 번 보여줄 때 확실하게 보여줘야 한다. 어중간하게 맛만 보여주고 더 궁금하면 비용을 내라는 식은 리스크가 무척 크다. 게다가 한 번 경험해보고 고객이 마음에 들어 하지 않는다면 쿨하게 인정해야 한다. 괜히 붙잡아보려고 해지와 반환 절차를 어렵게 한다거나 고객도 모르게 자동결제로 돌려서는 안 된다. 정확하게 구분하자. 그것은 마케팅 전략이 아니다. 고객 기만행위다.

'미리 경험'에서 중요한 것은 고객에게 내가 가진 100%를 보여주는 데에 있다. '그랬다가 구매로 이어지지 않으면 메이킹 머니 실패 아닌가요?' 할 수도 있다. 그러나 미리 경험하게 하는 것의 본질을 이해하면 생각이 달라질 것이다. 사람들이 지갑을 열어 돈을 쓰는 그 시점이 과연 언제일까? 제품이 마음에 들었을 때? 영업사원이 잘생기거나 예쁠 때? 옆의 지인이 사라고 해서? 이 모든 것의 근원은 바로 '신뢰'에 있다.

이 정도면 손해 보지 않고 이득이 되겠다는 그 믿음. 행동경제학과 인지심리학에 항상 등장하는 이야기가 있다. 서두에서도 말했듯이 '인간은 손해 보는 것을 극도로 싫어한다'는 것이다. 위험부담을 최소화하면서 최대의 효율을 내고 싶어 한다. 이것은 인간이라면 모두가 가지고 있는 심리 기제다. 진정 고객들이 원하는 것은 '내가 너를 믿어도 되겠니?'라는 질문에 대한 확신이다. 그래서 내가 가진 것의 100%를 모두 보여줘도 괜찮다는 것이다.

미리 경험의 핵심은 '나 믿어도 괜찮아'를 보여주는 데에 있다. 무브먼트랩이 자신들의 가구를 더 믿고 구매할 수 있도록 무브먼트스테이를 만들어 1시간이 아닌 하루 동안 마음껏 사용해볼 수 있게 만든 것처럼, 그리고 앞서 짧게 예시로 든 '100일 동안 우리 매트리스 써보고 마음에 들지 않으면 반납해'를 실행으로 옮겨 큰 인기를 끈 '삼분의일'처럼 말이다.

무브먼트스테이의 메이킹 머니 사례를 보면서 우리는 생각을 확장해볼 필요가 있다. 앞으로는 호텔 자체가 거대한 체험관이 될 것이다. 침대 회사가 호텔을 만들면 어떨까? 아니면 식품회사가 호텔을 만들면? 혹은 자동차회사가 호텔을 만들면 어떻게 될까? 가전제품을 만드는 회사가 호텔을 세우면 어떤 일이 벌어질까? 휴식과 동시에 최소 하루 동안 해당 브랜드를 사용해보면서 나도 모르게 해당 브랜드에 스며들지 않을까?

호텔은 의식주가 한 방에 해결되는 유일한 상업 공간이기에 앞으로 브랜드들이 호텔을 어떻게 활용할지는 두고봐야 할 것 같다. 분명 새로운 기회라고 생각한다. 소비자 입장에서도 더 농도 짙게 경험할 수 있으니 서로 윈윈이지 않을까?

Making Money Ideas

★ 처음 보는 상대가 나를 믿을 수 있도록 내가 먼저 그들에게 아낌없이 내줄 수 있는 것은 무엇일까?

★ '미리 경험'을 시켜주려고 준비 중이라면 일부만 제공하다가 감추지 않고, 확실하게 제공할 자신이 있는가?

눈에 보이지 않는 걸로도
유혹하는 방법

살짝 무섭기도 하지만 매우 흥미로운 진실에 대한 이야기다. 어떤 향을 맡았을 때 과거의 기억과 감정이 고스란히 떠오른 경험이 누구나 있을 것이다. 실제로 뇌과학에 따르면 눈으로 기억하는 것보다 코로 기억하는 쪽이 훨씬 더 오래 남는다고 한다. 보이지 않는 것에 의해 우리의 무의식을 조종당할 수 있다. 꼭 눈에 보이는 것만으로 상대방을 유혹하는 것은 아니다.

향은 눈에 보이지는 않지만 기억과 감정을 자극한다는 점에서 무척이나 강력하다. 향기를 활용해 소비자의 지갑을 열게 만든 가장 대표적인 공간은 백화점이다. 대부분의 백화점 1층은 향수, 화장품, 디퓨저 등등 향기로운 제품들로 가득 차 있다. 후각을 자극하면 심리적으로 안정감과 평온함을 느끼게 된다. 이는 곧 어떤 선택을 할 때 평소보다 더 후한 결정을 내리게 된다는 것을 의미하기도 한다.

우리나라 대형 서점인 교보문고를 떠올려보자. 문을 열고 들어서는 순간 책의 향기가 확 느껴진다. 향긋한 책 냄새에 빠져들어 기분 좋게 책을 둘러볼 수 있다. 이런 식으로 향은 강압적이지 않고 은밀하게 소비자를 유혹한다.

호텔은 더 고도화되어 있다. 사람도 자신의 분위기에 맞는 향을 뿌리듯이 호텔도 마찬가지다. 5성급 호텔들은 저마다 유명 조향사와 함께 협업해 자기들만의 시그니처 향을 만들어낸다. 호텔만의 브랜드 철학을 담기도 하고, 호텔이 터를 잡은 지역의 이야기를 담기도 한다. 그래서 같은 호텔 브랜드라 하더라도 지역마다 향이 다른 경우도 있다. 정말 그 호텔에만 가야 느낄 수 있는 향이다. 심지어 어떤 고객은 그 향 때문에 그 호텔에만 가는 경우도 있다고 한다. 이것을 알고 난 뒤 호텔에 가면 향이 더욱 강하게 느껴질 것이다.

실제로 나도 호텔의 향에 취해버린 비슷한 경험이 있다. 너무 충격이 컸던 경험이라 잊을 수가 없다. 인스타그램 활동을 이제 막 시작해 팔로워가 300명도 안 되던 시절이다. 당시만 해도 호텔 경험이 많지 않았기에 일단 유명 브랜드 호텔부터 하나씩 도장 깨기 하듯이 다니던 때였다.

그러던 어느 날, 한강진 블루스퀘어 부근에서 이태원으로 들어서는 길을 지나는데 늠름하게 어깨를 쫙 펼치고 있는 그랜드하얏트 서울이 눈에 들어왔다. '저런 곳에서 하룻밤 자면 어떤 기분일까?'라는 생각이 들었다. 그리고 얼마 지나지 않아 나는 큰맘 먹고 그랜드하얏트 서울로 향했다. 로비로 들어가는 순간 나는 충격을 받을 수밖에 없었다. 향이 너무나 영롱했기 때문이다. 나의 하루가 고급스러워진 기분이랄까. 그 어떤 호텔에서도 경험해보지 못한 향이었다.

순간 이 향마저 갖고 싶다는 생각에 그 자리에서 직원에게 물어봤다. 돌아온 답변은 "많이 문의를 하시지만 아쉽게도 오직 이곳을 위해 만들어진 향이라 시중에 판매하고 있지는 않습니다"였다. 나와 같은 생각을 한 사람이 무척 많았나보다. 그때 나는 향기 때문에 공간을 인상 깊게 기억할 수 있다는 경험을 처음으로 할 수 있었다. 오죽했으면 '향기 마케팅'이라는 말이 생겨났겠는가.

해외 호텔들은 이미 향기로 고객의 무의식을 자극한다. 이제 우리나라도 움직임이 예사롭지 않다. 향기 전쟁이 시작된 것이다. 서울에서 가장 높은 호텔인 시그니엘은 자신의 브랜드와 어울리는 디퓨저, 룸 스프레이를 만들어 판매한다. 실제로 로비와 객실에서도 사용하는 향인데, 투숙객들의 구매 문의가 워낙 많아 판매용으로 개발했다고 한다. 판매량은 2021년 기준으로 전년도 대비 75% 상승했다. 주 구매층은 선물용으로 대량 구매하는 경우이거나 마니아층이라고 한다. '이거 시그니엘에서 쓰는 향이야'라며 부담 없이 주고 기분 좋게 받을 수 있으니 꽤 센스 있는 선물이다. 여기서 한 발 더 나아가 격월 간격으로 한 병씩 배송해주는 정기 구독 서비스도 펼치고 있다.

치열하고도 살벌한 전쟁 시대

모든 일에는 원조가 있는 법이다. 국내 호텔 중 가장 빠르게 향기 마케팅을 시도한 호텔은 서울 시청 바로 앞에 오랜 시간 자리를 지키고 있는 '더플라자호텔 서울'이다. 2010년대부터 이미 시그니처 향을 개발해 호텔의 모든 공간과 직원들의 향수로 사용했다. 투숙객은 어디를 가든, 어떤 직원을 마주치든 은연중에 일관된 향을 경험하게 된다. 그렇게 2016년에 업계 최초로 호텔의 시그니처 향을 디퓨저로 개발해 상품화했는데, 한때 품절 대란까지 일으킨 사례도 있다.

자체적으로 개발하기도 하지만, 향을 전문으로 하는 브랜드와 손잡는 경우도 있다. 압구정역에 위치한 5성급 호텔 안다즈 서울 강남은 대한민국뿐만 아니라 세계 무대를 들썩이는 안경 브랜드 '젠틀몬스터'의 향 브랜드 '탬버린즈'와 함께 협업한다. 항상 독특한 활동을 전개하는 브랜드답게 안다즈의 향을 풀어내는 과정도 예사롭지 않았다. 안다즈의 디자인 콘셉트인 '보자기'에서 영감을 받아 어릴 적 할머니가 보자기에 감싸 쑥떡을 만들 때 은은하게 퍼지던 향을 모티브로 했다. 메인 향료로 '개똥쑥'에 '엠버$_{amber}$'와 '솔잎 향'을 섞어 상쾌하면서 세련된 시그니처 향을 만들어내기도 했다.

이처럼 유명한 5성급 호텔은 세계적인 조향사, 유명 향 브랜드와 협업해 그들만의 향을 만든다. 그리고 이를 상품화해 판매로 연결 짓기도 한다. 이들이 이렇게 향에 몰두하는 이유는 바로 고객을 무장해제시켜 유혹하려는 게 첫 번째 이유이고, 공간을 오랫동안 기억하게 만드는 게 두 번째 이유다. 그래서 다시 찾아오게 만드는 게 이들의 궁극적인 이유다. 우연히 지나가다 비슷한 향을 맡기만 해도 특정 호텔이 떠오를 테니 무의식을 자극하는 데에 아주 확실한 효과가 있지 않을까 싶다. 또 하나 엄청난 효과가 있다. 어디서도 맡아 볼 수 없는 향이면서 영롱한 향이라면 주변 지인들에게 입소문을 낸다는 것이다. 마치 그랜드하얏트 서울 하면 사람들이 죄다 로비의 향에 대해 말하는 것처럼.

상대를 유혹하기 위해 보통 눈에 보이는 것 위주로 신경을 많이 쓰곤 한다. 하지만 눈에 보이는 것은 상대에게 직접적으로 유혹의 메시지를 던지는 것인 만큼 '수'가 읽히기 마련이다. 이제는 시각적인 요소 외에 눈에 보이지 않는 것들까지 신경 써야 한다. 나도 모르는 사이에 스며들도록 무의식을 공략하는 것이다. 지금까지는 후각에 대해 집중적으로 다뤘지만 촉각, 미각, 청각까지 고려하면 눈에 보이지 않는 것들로 상대를 유혹할 방법은 무궁무진하다.

이를테면 어떤 고급 레스토랑에 들어갔을 때를 생각해보자. 청담동 파인다이닝 수준으로 우아하게 인테리어를 다 해놨는데 갑자기 90년대 댄스가수 노래가 나온다면 어떨까. 고개를 갸우뚱하게 될 것이다. 노래의 좋고 나쁨의 문제가 아니다. 서로 어울리는 게 따로 있다는 것이다. 이런 노래를 포장마차에서 튼다면 단체로 떼창을 하며 즐겁게 한잔 기울일 수는 있겠지만 고급 레스토랑에는 어울리지 않는다. 그렇기에 어떤 음악으로 브랜드의 분위기를 극대화할지 상당한 공을 들이곤 한다. 공간에 어울리는 음악만 전문적으로 큐레이션 하는 사람들의 역할이 무척이나 중요해진 요즘이다.

물론 이런 요소들이 매출에 직접적인 영향을 준다고 100% 단언할 수는 없다. 하지만 사람이 지갑을 열어야겠다고 판단할 때는 단편적인 이유가 아닌 복합적인 원인들이 조화를 이뤄 결정을 내린다. 실제로 하루 24시간 동안 우리가 내린 결정의 80% 이상이 무의식에서 비롯된다고 한다. 과학 저널 〈사이언스〉에는 인간의 결정을 지배하는 무의식적 영향력을 소개하는 심리학 논문이 실려 화제가 되기도 했다. 다시 말해 무의식을 공략할 줄 안다면 우리가 원하는 결과값을 끌어낼 수 있는 확률이 높아진다. 내 브랜드 혹은 나 자신을 더욱 매력적으로 느껴지게 하고, 소비하고 싶고 자꾸 생각 나게 만들기 위해선 눈에 보이는 것은 물론이고 눈에 보이지 않는 세세한 것들마저도 치밀하게 설계해야 한다.

Making Money Ideas

★ 나의 브랜드, 나의 존재를 상대방에게 새겨넣기 위해 눈에 보이지 않는 요소들을 어떻게 활용할 수 있을까? 후각, 청각, 미각, 촉각 무엇이든 상관없다.

인간이 사라질수록
그리워지는 것

충격적인 뉴스를 보았다. 길을 가는 사람에게 잘 익은 삼겹살을 먹어보라고 권한다. 이어서 질문을 한다. "삼겹살 맛이 어때요?" 그리고 답이 돌아온다. "너무 맛있는데요?" 말이 끝나자마자 기다렸다는 듯이 기자가 말을 한다. "이거 사람이 아니라 로봇이 구웠어요."

삼겹살을 굽는 로봇은 1시간에 100인 분가량을 구워낸다. 최저임금 기준 한 사람의 한 달 인건비가 200~300만 원이라고 했을 때, 이 로봇의 경우에는 한 달 렌탈비가 100만 원이다. 심지어 맛도 균일하게 잘 굽고 지각도 하지 않고 중간에 갑자기 그만두는 일도 없다. 그간 단순노동만을 해온 로봇이 이젠 '감각'의 영역인 '맛'까지 침범하기 시작했다. 게다가 비교적 저렴한 금액으로 로봇을 운용할 수 있으니 업장 운영의 효율만을 고려한다면 사람을 고용했을 때보다 고정비를 훨씬 절감할 수 있다. 로봇이 무서운 속도로 발전하고 있다 보니 앞으로 불과 5년 뒤, 아니 3년 뒤마저 어떻게 바뀔지 예측하기 어렵다.

내 월급 빼고 모든 게 다 오른다는 말이 있을 정도로 물가가 치솟는 대한민국. 우리가 이용하는 대부분의 공간은 '사람'이 운영하고 '사람'이 응대한다. 공간을 운영하는 사람의 관점에서는 인건비, 임대료, 세금만 생각해도 숨이 턱 막힌다. 그렇다고 세금과 임대료를 안 낼 수는 없으니 그나마 줄일 수 있는 게 인건비다. 그렇게 점점 공간에는 사람 대신 로봇이 자리를 지킨다.

이미 시작되었다. 가게에 들어가면 흔히 보이는 키오스크. 홀을 열심히 돌아다니는 서빙 로봇. 마트에는 셀프 계산대가 이미 자리 잡은 지 오래다. 게다가 24시간 돌아가는 무인 편의점도 있다. '무인'으로 운영되는 오프라인 공간은 우리도 모르는 사이에 우리의 삶 속 깊이 들어와 있다.

그렇다면 호텔은 어떨까? 호텔은 '서비스의 끝'을 보여주는 상업 공간이다. 그렇기에 사람이 직접 사람을 응대하는 게 기본이다. 호텔업협회에서 발표한 '호텔업운영현황'에 따르면 코로나 직전인 2019년 기준, 호텔에서 인건비가 차지하는 비중이 약 40%다(코로나19 때는 많은 호텔이 휴업하거나 폐업해 대대적인 직원 감축이 있었으니 코로나19 이전으로 보는 게 더 정확하다). 어쨌든 호텔도 상업 공간이기에 수익을 내야 한다. 그렇다고 인원을 감축하자니 호텔의 기본인 '환대'를 할 수 없는 진퇴양난의 상황이다. 이런 상황에서 어떤 일들이 벌어지고 있을까? 다양한 사례들을 살펴보자.

호텔에서 사람이 사라지면 벌어지는 일

150군데 호텔을 다녔지만 이런 곳은 또 처음이다. 명동의 중심부에서 한 걸음 뒤로 물러난 곳에 있는 '헨나호텔 서울 명동'은 일본계 호텔이다. 이들의 로비는 무척이나 강렬하다. 일단 웬 공룡 두 마리가 벽을 뚫고 나와 있다. 심지어 움직이며 소리도 낸다. 충격이다. 그리고 고개를 돌리면 이번에는 사람이 있어야 할 프런트 데스크에 로봇이 대신 자리한 채 우릴 향해 인사한다. 인류의 발전 과정을 표현하고 싶었던 걸까? 이 호텔이 놀라운 이유는 바로

'무인 호텔'이라는 점 때문이다.

체크인도 로봇으로 하고 객실에 비치되어 있는 인공지능 스피커 '기가지니'를 통해 부족한 비품을 주문하면 로봇이 가져다준다. 사람의 손길이 닿는 곳은 조식을 제공할 때 외에는 없다. 대부분이 자동화되어 있다. 무인 호텔은 과연 어떨까? 직접 투숙해보았다. 체크인 시간은 3시. 그러나 내가 도착한 시간은 2시 40분이니 조금 빨리 도착했다. 프런트 데스크에 사람이 있었다면 객실 정비 현황을 살펴본 후 비어 있는 객실이 있으면 먼저 체크인을 해준다. 로봇도 과연 그 기능이 있을까? 바로 실험해보았다. 그러나 아직 3시가 되지 않았다며 체크인 자체가 되지 않았다.

체크인을 마치고 객실에서 비품도 시켜보며 로봇과의 접점을 최대한 만들어보려 했으나 그 외에는 딱히 로봇을 부를 일이 없다. 그러고 보면 사람이 있는 호텔에 가더라도 특별한 문제가 생기지 않는 이상 직원과의 접점이 그리 많은 편이 아니다. 생각해보니 이곳은 전세계 관광객들이 모이는 명동이다. 그래서 어쩌면 외국인들이 더욱 편리하게 이용하지 않을까 싶다. 특히 일본인이라면 로봇에 일본어 지원이 기본으로 깔려 있으니 훨씬 더 수월하게 투숙할 수 있을 것이다. 이곳에서 하루 지내면서 문제가 될 만한 것은 없었지만 따뜻한 느낌은 아니었다.

이번에는 반반 섞여 있는 곳으로 가보자. 보통의 호텔처럼 직원들이 상주해 있지만 룸서비스를 로봇이 가져다주는 곳이 있다. 같이 엘리베이터를 타고 올라가기도 한다. 게다가 이 호텔은 로봇이 부쩍 바쁘게 돌아다닌다. 이곳은 김포공항 근처에 있는 '코트야드 서울 보타닉파크'다.

이곳은 호텔업계 최초로 AI 서비스 운반 로봇을 도입한 곳이라 의미가 깊다. 이들은 투숙객의 귀찮음을 대신해주는 기특한 로봇이다. 보통은 체크인을 마치고 호텔 객실로 들어가면 이후 밖으로 나가는 일이 꽤나 귀찮게 느껴진다. 그러다가 갑자기 음료수나 주전부리가 필요하다 싶은 생각이 들었을 때 호텔 건물 내에 편의점이 없으면 순간적으로 고민하게 된다. 강제 다이어트를 할 것인가, 그래도 나갔다 올 것인가.

이때 이 호텔은 모바일 편의점 서비스를 제공한다. 안내받은 QR 코드를 인식하면 주문 가능한 물품 품목이 쭉 나온다. 편의점과 거의 비슷한 금액대다. 그래서 필요한 것들을 주문하면 몇 분 뒤 로봇이 엘리베이터를 타고 내 객실 앞까지 와서 알림을 준다. 고객 입장에서는 훨씬 편하게 호텔을 이용할 수 있고, 직원 입장에서는 업무 분담이 되니 업무 효율이 높아진다. 이처럼 사람과 로봇이 함께했을 때 시너지를 내는 경우도 있다.

코트야드 서울 보타닉파크 객실에서 주문하면 로봇이 객실 앞까지 가져다주는 모바일 편의점 서비스.
로봇과 사람이 함께 일하는 상황이 점차 우리 삶 속에 스며들기 시작했다.
우리는 브랜드의 운영 지속성과 효율성을 위해 로봇을 생각하지 않을 수 없는 시대에 살고 있다.
그렇다면 로봇을 통해 고객과 정서적으로 교감할 방법을 생각해봐야 한다.

무인 운영인데 이렇게 따뜻할 수도 있다니

이번에는 로봇은 없지만 무인으로 돌아가는 제주도의 한 스테이를 살펴보자. 호텔에서 가장 정이 가는 순간은 프런트 데스크에서 직원과 마주 보며 체크인과 체크아웃 절차를 밟을 때다. 호텔의 화려한 겉모습보다는 인간적인 교류가 잠시나마 생기는 유일한 순간이기도 하다. 그러나 무인으로 운영되는 곳에서는 이런 따뜻함을 기대할 수 없다. 보통은 체크인 시간에 맞춰 휴대전화 문자로 객실 비밀번호 안내가 오는 형식이다. 그러나 이곳은 남달랐다. 무인임에도 불구하고 사람의 손길이 느껴지게 할 수도 있다는 것을 알려준 곳이다. 바로 제주도에 있는 '코사이어티빌리지 제주'다.

서울숲에도 있는데 그곳은 복합문화 공간에 가깝고, 제주에 있는 곳은 숙소 형태로 운영되고 있다. 숙소 바로 앞에 블루보틀이 있어 화제가 되었던 곳이기도 하다. 아무튼 이곳은 독채로 빌리는 형태다. 무인으로 체크인과 체크아웃을 하며 독채 건물당 간격이 꽤 있는 편이라 투숙객 간의 사생활도 보장되는 편이다. 객실에 들어가려 하는데 문 옆에 작은 우편함이 있다. 문자로 알려준 비밀번호 네 자리를 넣으니 딸각 소리와 함께 우편함이 열린다. 그리고 가장 먼저 보이는 문구가 있다. '코사이어티빌리지 제주에

오신 걸 환영합니다. 한적한 자연에서 일과 일상에 필요한 영감을 찾아보세요.'

만약 이 문구가 없었다면 어땠을까? 그저 그런 체크인 경험이었을 것이다. 그러나 이 문구 하나로 원격으로 환대받는 기분이 든다. 그리고 객실 카드키가 담겨 있는 아래쪽에 직원이 남긴 편지가 들어있는 게 아닌가. 편지 내용은 대략 이렇다. 먼 길 오느라 고생이 많았다는 인사와 함께 이 공간을 어떻게 사용하면 더 좋을지, 객실 밖에 있는 프라이빗 라운지는 어떤 공간인지, 그리고 그 공간을 꼭 한번 이용해보기를 바란다는 안내가 적혀 있다. 실제로 소중한 사람에게 편지를 쓴 것과 같은 문체다. 참 부드럽고 섬세하다.

무인 체크인이라고 하니 무미건조하게 전달받은 비밀번호를 디지털 도어락에 입력하고 들어간다고 생각했는데 그 선입견이 와장창 깨지는 순간이었다. 우편함이라는 소재 자체도 굉장히 인간적인 요소라고 생각했는데 그 함을 여니 카드키와 편지 한 통이 놓여 있는 이 섬세함. 무인이라고 해도 충분히 사람의 정감을 느낄 수 있었다. 사람이 있든 없든 결국 중요한 것은 상대방이 나를 얼마나 생각하는지 그 마음이 전달되는 것이라는 걸 새삼 깨달았다.

우편함을 활용해 무인으로 객실 키가 지급되는 방식(왼쪽), 우편함 안에 들어 있는 편지(오른쪽)
공간이 무인으로 운영된다고 꼭 차갑게 느껴지는 것은 아니다.
'나를 생각하고 있구나'라는 느낌이 들도록 장치를 설계하면 충분히 교감이 가능하다.

완전 무인 호텔부터 사람과 로봇이 공존하는 호텔, 그리고 거의 무인이지만 따뜻함이 전달되는 곳까지 세 곳을 살펴봤다. 점점 공간에 사람이 사라지고 로봇이 그 자리를 대체하거나 아예 무인으로 운영되는 곳이 늘어나고 있다. 어떤 게 좋다, 나쁘다고 말하긴 어렵다. 살펴본 세 곳의 사례만 봐도 각자의 매력이 충분하다. 그러나 한 가지 확실한 것은 무인과 유인이 앞으로 호텔계에 지대한 양극화를 만들 것이다. 이는 비단 호텔뿐만이 아니다. 어떻게 양극화가 벌어지는지 흐름을 파악하면 메이킹 머니에도 도움이 될 것이다.

로봇 밥과 집밥, 무인과 유인

로봇이 구워주는 고기마저 맛있다고 하는 시대. 하다못해 핸드드립 커피마저 로봇이 내려주는 시대. 사람이 요리했는지, 로봇이 요리했는지 알 수 없는 상태로 식사하게 될 날이 머지않았다. 그럴수록 오히려 '사람이 만든 것'의 가치는 더욱 높아질 것이다.

미래가 아닌 오늘도 그 가치가 높아지고 있다는 것을 우리는 알 수 있다. 내 눈앞에서 셰프가 직접 요리해주는 코스요리의 값이 아무리 비싸도 몇 달 전부터 예약을 해야 할 만큼 인기다. 그만큼 사람이 직접 한 땀 한 땀 정성들여 만들어주는 한 끼 식사가 소중하다는 것을 우리는 직감적으로 알고 있다. 그렇기에 로봇 밥을 먹는 사람과 사람이 해주는 밥을 먹는 사람의 계층이 나뉘지 않을까 하는 생각마저 든다. 분명 유쾌한 이야기는 아니다.

호텔이라고 다를 바 없다. 양극화는 이미 시작되었다. 무인으로 운영하는 호텔은 운영 효율과 수익률의 극대화를 추구하는 업장이 대부분이다. 소위 자동화된 공간이다. 게다가 인건비가 상당수 제외되기에 숙박비를 낮출 수 있고, 더욱 합리적인 가격에 더 많은 고객을 수용할 수 있다는 장점이 있다. 그러나 환대의 느낌은 찾아보기 어려울 것이다. 차가운 공간이 되는 것을 최대한 막을 방법을 생각해야 한다. 그러면 5성급 호텔들도 무인 운영이 가능할까? 이 부분에 대해서는 깊이 있게 생각해볼 필요가 있다.

호텔 하면 떠오르는 것은 환대다. 그 환대는 사람 대 사람으로 이뤄지는 것이며, 우리는 사람으로부터 서비스를 받기 위해 호텔에 간다. 그리고 투숙하는 동안 그들은 나의 모든 것을 맡아준다. 숙박비에는 당연히 그에 상응하는 비용이 추가되어 있다. 그렇기에 고급 호텔일수록 로봇을 사용하기보다 사람들이 직접 서비스하는 쪽을 고수할 것이다. 1박에 최소 50만 원, 많게는 100만 원 이상 지불하는 곳에서 로봇이 등장하는 것은 아직 상상하기 어렵다. 로봇 기술이 아무리 발전하더라도 사람이 제공하는 서비스를 받기 위해 추가금을 낼 사람도 분명 있을 것이다.

사람을 상대하는 데에 사람보다 더 섬세한 대상은 아직 없다. 앞으로 고급스러움의 기준은 디지털이 차지하지 않은 '휴먼 터치 human touch'라는 생각이 든다. 아날로그보다는 '정성'에 가깝다. 앞으로는 사람의 손길이 닿을수록 상품의 가치가 더욱 높아질 것이다. 양극화는 비단 호텔만의 문제는 아니며, 식당만의 문제도 아니다. 우리 삶의 전반에 펼쳐질 문제다.

이를테면 무인으로 운영되는 공유 오피스가 있다고 가정해보자. 이곳에서는 직원과 고객이 만날 일이 아예 없는 만큼 장점도 있지만 이 브랜드에 대한 충성도는 그리 높지 않을 수도 있다. 그래서 고객이 다른 곳으로 갈아타는 것을 막기 위해 이 공간에 대한 결속력을 높여야 하는데, 어떻게 해야 할까?

휴먼 터치가 적용되는 부분은 이렇게 풀어볼 수 있다. 신규 고객이 우리 공유 오피스에 가입했을 때 고객의 집으로 감사의 마음을 담은 손편지와 직접 작성한 이용 안내를 보내주는 것이다. 물론 힘들 수 있다. 그러나 컴퓨터 폰트로 인쇄된 것에 익숙한 현대인에게 손편지는 그야말로 감동이지 않을까?

이처럼 내가 판매하고자 하는 상품의 가치를 높이거나 고가의 상품과 서비스를 취급해 고객과 나 사이에 결속력을 단단히 하고자 한다면 '어느 타이밍에 휴먼 터치를 할 것인지' 고민해봐야 한다. 아무리 자동화되었다고 한들 '헨리 포드'와 '페라리'의 격차는 좁혀지지 않았다는 사실을 잊지 말자. 사람의 손길이 닿을수록 앞으론 더욱 고부가 가치 상품이 될 것이다. 호텔도, 제품도, 서비스도 마찬가지다.

Making Money Ideas

★ 모든 것을 자동화해 제품이나 서비스를 판매하는 것도 좋지만, 상품의 가치를 높이기 위해서는 결국 사람의 손길이 필요하다. 그렇다면 나는 고객에게 어떤 휴먼 터치를 제공할 수 있을까?

★ 더 쉽게 생각하면 나는 어떤 '정성 어린 손길'을 사람들에게 보여줄 수 있을까?

3년간 수백 번 체크아웃하고 나니
알게 된 것들

호수에 떠 있는 거위나 오리를 볼 때마다 생각이 깊어진다. 수면 위에서는 평온하게 움직이는 것처럼 보이지만 수면 아래에서는 쉼 없이 발버둥 치고 있는 게 남일 같지 않아서이리라. 벌써 3년이 흘렀다. 가진 것 하나 없고, 연고도 일절 없는 상태에서 호텔을 세우겠다고 선언한 게 엊그제 일만 같다. 돌이켜보면 무슨 배짱이었나 싶다. 여전히 가야 할 길이 멀다. 그렇지만 꿈을 향해 한 걸음 더 가까워지고 있다. 호텔을 돌아다니며 기록을 남기다 보니 좋은 팀과 좋은 사람들을 알게 되고, 그 덕에 브랜드를 기획하며 한 걸음씩 앞으로 나아갈 수 있게 되었다. 물론 밝은 일만 있었던 것은 아니다. 크고 작은 사업들을 시도했다가 그만두기도 하고, 사람들과 멀어지기도 했다. 누구도 나에게 뭐라고 하지 않는데 괜스레 스스로 뭔가 해내야 한다는 압박에 짓눌려 살았다.

그런 가운데 내가 할 수 있는 것은 그저 묵묵히 앞으로 걸어가는 것뿐이었다. 여러분 중에도 꿈을 향해 나아가보겠다고 퇴사를 결심했지만 혼자서 불확실한 미래를 향해 걸어가고 있다고 느끼는 분이 있다면 이 책이 부디 마음의 위안이 되었으면 한다. 내가 어떤 대단한 걸 이뤄서 하는 조언이 절대 아니다. 내가 느끼고 고민했던 것들이 지금 여러분이 하는 고민과 다르지 않을 것이라는 생각이 든다. 그래서 이 책을 통해 '나만 그런 건 아니구나'라며 서로 힘을 얻기를 바란다.

진부하지만 시간이 걸린다, 반짝은 없다

아이러니하다. 나는 소셜 미디어에서 열심히 활동하며 많은 기회를 얻었다. 그런 나도 소셜 미디어를 멀리했던 때가 있다. 이유는 간단하다. 소셜 미디어 세상 속에는 나보다 몇 배 뛰어난 사람들이 바글바글하고, 그들의 새로운 프로젝트와 성과들을 보고 있으면 '나는 뭐했지?'라는 생각이 든다. 질투심이 많은 것도 한몫했을 것이다. 혹은 나는 긴 시간이 걸렸는데 다른 누군가는 순식간에 폭발적인 결과물을 만들어내는 것을 보면 마음이 복잡미묘해지곤 했다. 멘탈이 건강했다면 '오, 그렇구나!' 했을 텐데 그러지 못하고 소셜 미디어 자체에 접속하지 않았다. 하지만 이제는 오히려 그들에게서 배울 점은 무엇인지, 직접 만나 이야기를 나눠볼 수는 없는지부터 생각한다.

그렇게 소위 '고속 성장'하는 분들을 만나 이야기를 듣다 보니 놀라운 공통점을 발견할 수 있었다. 물론 모두가 그런 것은 아니니 일반화하고 싶지는 않지만 내가 지금껏 만난 사람들은 하나같이 '반짝 같아 보이지만 알고 보니 오랜 세월' 수련해온 사람들이었다. 예를 들면 이런 식이다. 한 달 만에 인스타그램 팔로워 10만을 돌파한 그림 인플루언서가 있다고 가정해보자. 이 사람은 알고 보니 이미 인스타그램을 세 번 정도 망한 경험이 있고, 10년 가까이 그림을 그리며 전시도 열어온 사람이다. 기초가 탄탄하게 잡혀 있음에도 불구하고 소셜 미디어 세상에서 무려 세 번의 실패를 맛보았지만 다시 한번 도전한 게 결국 터진 것이다.

우리가 보는 것은 빙하의 밑바닥이 아닌 수면 위의 일부분이기에 '반짝' 하고 급부상한 것처럼 보인다. 그리고 모두 이를 부러워

한다. 나도 그랬다. 그러나 그럴 필요가 없었다. 맛있는 밥을 짓기 위해서는 뜸 들이는 시간이 필요한 법이다. 소셜 미디어상에서 급성장하는 사람들은 사실 그 '반짝'을 위해 수면 아래에서 열심히 발버둥 친다. 실패도 맛보고, 친구에게도 말하지 못할 괴로움과 누구도 나의 고통을 공감해주지 못한다는 외로움의 시간들을 뚫고 나온 것이다. 이를 '브랜드'로 치환해보면 일맥상통한다.

150군데 넘는 호텔을 다니면서 잘되는 곳부터 그렇지 않은 곳까지 다양하게 경험했다. 그중 잘되는 곳들을 보면 이들 또한 다르지 않다. 처음부터 잘된 곳은 보기 드물다. 서서히 궤도를 향해 오르기 시작했고, 궤도까지 안착하기 위해 셀 수 없는 시행착오를 겪었다. 다만 우리 눈에 보이는 것은 화려한 모습뿐이기에 잘되는 공간, 잘되는 브랜드가 나타나면 표면만 보고 따라 하기 바쁘다. 그러나 표면을 볼 게 아니라 이들의 뿌리를 볼 줄 아는 혜안이 필요하다. 내 기준에 급부상하는 브랜드나 인물이 있다면 그들이 어떤 과정을 거쳤는지 살펴보며 낱낱이 뜯어보기를 권한다. 그리고 그것을 나만의 방식으로 차용해보자. 훨씬 더 빠르게 성장할 수 있을 것이다.

그런 다음 중요한 게 있다. 불꽃놀이와 별은 사람들이 아름답게 바라보는 대상이다. 불꽃은 폭죽이 터질 때의 요한한 소리와 화

336

려한 외모로 사람들을 홀린다. 그러나 몇 초 뒤면 이내 사라진다. 별은 오랜 세월 은은하게 자리를 지키고 있다. 반짝 성장하고 나면 걱정해야 하는 것은 지속성이다. 화려한 불꽃은 금세 사그라들기 마련이다. 주변을 봐도 그렇다. 초반에 엄청난 속도를 내며 달리던 사람들이 1년 뒤, 3년 뒤에 보면 열 명 중 아홉 명은 사라지고 없다. 가끔은 전멸하는 경우도 있다.

그런데 꾸준히 자기의 길을 걸어가는 사람들이 결국은 살아남아 승자가 된다. 그래서 가끔 나 또한 지금 이 길이 어디로 가는 길인지, 이게 정말 맞는지, 왜 뒤처진 것 같은지, 우리 브랜드는 왜 다른 브랜드처럼 성장 속도가 빠르지 않은지 의문이 들 때가 있다. 그럴 때마다 '지속성'을 떠올리며 생각을 정리한다. 오래가는 사람, 오래가는 브랜드가 승자다. 그러니 목적지에 도착할 때까지 진득하게 수정과 반복을 해나가야 한다. 반짝하고 사라지고 싶은 것은 아닐 테니 말이다.

때론 동굴로 들어가는 시간도 필요하다

브랜드를 운영하거나 소셜 미디어를 키우다 보면 사람 만날 일이 참 많다. 각종 모임부터 파티 등 초대를 받으면 신이 나서 가곤 했다. 가보면 정말 각 분야의 유명한 사람들은 물론이고 소위 잘나가는 사람들이 많다. 저마다 자신이 무슨 일을 하는지, 최근에 어떤 프로젝트를 했으며 어떤 성과를 냈는지 이야기하기 바쁘다. 명함이 오가고 '우와, 대단해요!'를 외치는 사람과 '나 이런 거 했어요'를 보여주는 사람으로 나뉜다. 처음에는 멋있어 보였다. 나도 저들 사이에 껴 있으면 덩달아 성공할 것 같았다.

시간이 지나고 보니 나의 착각이었다. 그 무리에 계속 붙어 있기 위해 나를 위한 시간보다는 남을 위한 시간을 써야 하는 일이 늘어났다. 불필요한 에너지를 소비하게 되고, 함께 있을 때면 진심으로 즐겁고 행복하기보다 마음속 어딘가 공허했다. 그렇게 콩깍지가 한 꺼풀씩 벗겨지고 나서 보니 그중엔 실제 실력보다 더 부풀려진 사람들도 꽤 많았다.

그런데 문득 이런 생각이 들었다. '혹시 나도 그렇게 비치는 건 아닐까?' 소위 말하는 인맥, 인간관계를 관리해야 더 빠르게 성공할 것이라는 얄팍한 생각으로 실력을 쌓기보다는 사람을 쌓기 바빴다. 브랜딩을 할 때도 마찬가지다. 내가 몸담고 있는 분야의 사람들을 알아두는 것은 좋으나 주객이 전도되어 인간관계에만 집중하는 것은 건강하지 못하다. 어느 순간 나 자신은 사라지고 '남 눈치'를 보며 움직이는 자신을 마주하게 된다.

굳이 남의 속도에 맞출 필요도 없고, 비교할 이유도 없다. 메이킹 머니를 위해 중요한 것은 '인맥 관리'보다 '진짜 실력'이다. 실력이 좋으면 나를 필요로 하는 사람들이 하나둘씩 모이기 마련이다. JYP 엔터테인먼트의 박진영 대표도 이와 같은 말을 한 적이 있다. 그때 어찌나 마음의 위안이 되었는지 모른다. 아무튼 이 말은 진리다.

진짜 실력을 쌓기 위해서는 인맥 관리가 아니라 거리두기, 즉 나혼자만의 시간을 최대한 많이 확보해야 한다. 일적인 것 외에는 사람을 만나지 않는 것이다. 내가 누군가와 비교할 수 있는 환경 자체를 없애버리는 것이다. 오로지 나에게 집중할 수 있는 최고의 방법이다. 나는 이를 '동굴로 들어간다'라고 표현한다. 단기간에 폭발적인 성장을 하고 말도 안 되는 결과물을 만들어내기 위해선 동굴로 들어가는 시간이 반드시 필요하다. 곰이 동굴 속에서 쑥과 마늘만 먹고 사람이 되었다는 신화처럼 말이다.

동굴로 들어갈 때 집중해야 할 게 있다. 확실하게 이뤄야 할 목표들을 작성하는 것이다. 브랜딩을 하려면 브랜드가 살아야 한다. 매출이 발생하고 수익이 나야 지속가능한 브랜딩을 할 수 있다. 그렇기에 내가 지금 무엇에 집중해야 하는지 써놓고 눈에 잘 보이는 곳에 붙여놓자. 그다음에는 밤이나 낮이나 계속 그 일을 하는 것이다. 굉장히 지루한 여정이다. 그 좋아하던 온갖 모임과 파티, 행사 등 사람들이 모여 있는 곳을 멀리하고 오직 나 혼자 수련하는 시간이다. 함께하는 팀이 있다면 팀 사람들만 만난다. 핵심은 관계를 최소화하는 것이다. 불안한 마음에 타인에 의존하며 흘려보내던 시간들을 나의 시간으로 다시 확보하는 것이다. 배우고 적용하고 실행에 옮기면서 하루하루를 보낸다.

그러면 동굴에서 나오는 시점은 언제가 좋을까? 바로 목표가 완성되어 이제 사람들에게 본격적으로 보여줄 준비가 완료되었을 때다. 그때는 세상 밖으로 나와 내가 이룬 목표를 널리 알려 사람들을 끌어모아야 한다. 그렇게 또 지내다 보면 공허해지는 시즌이 찾아오거나 나의 실력을 스스로 의심하게 되는 시점이 찾아오는데 그때 다시 한번 동굴로 들어간다.

동굴 속에 있을 때는 외롭고 우울할 수 있다. 아무도 나를 알아주지 않는 것 같고, '내가 저 사람보다 나은 것 같은데'라고 생각하면서도 아직 인정받지 못했다는 답답함이 밀려올 것이다. 그런 생각이 머릿속을 지배하고 부정적인 감정이 스멀스멀 올라올 때는 하던 일을 모두 멈춰보라. 집 밖으로 나가 산책이라도 하자. 요즘 들어 관계를 정리하고 꿈을 향해 걸어 나가는 일에 살짝 지친 것 같다면 이 책이 조금이나마 위안이 될 수 있을 것이다. 나 또한 그런 과정을 겪고 있다. 그러니 우리 모두 자신의 실력을 쌓는 것에 조금 더 집중해보는 것은 어떨까? 그러고 나면 사람들이 저절로 모여들 것이다. 브랜드와 공간이 수면 위로 올라가 사람들의 박수를 받기 위해서는 동굴로 들어가는 시간이 필요하다.

결국엔 상대방을 기쁘게 해주는 일

가구회사와 협업해 스테이를 오픈했을 때다. 태어나 처음으로 맨땅에서 스테이가 지어지는 과정을 수개월간 지켜보았다. 모든 공사를 마치고 첫 번째 투숙객이 되어 현장에 방문했다. 객실 문을 열고 공사를 마친 스테이의 모습을 마주하는 순간, 알 수 없는 행복감이 벅차올라 가슴이 두근거렸다. 그리고 곧 이곳에 투숙할 사람들이 나와 비슷한 감정을 느낄 것을 생각하니 무척 뿌듯했다. 내가 이 일을 해야 하는 이유가 명쾌해진 것이다.

나는 공간을 통해 타인의 행복을 만드는 일을 하고 있었던 것이다. 그리고 나 역시 그때가 가장 행복하다. 이날 이후 내가 하는 모든 일들이 단순해졌다. 누가 되었든 나의 공간, 나의 브랜드를 경험하는 사람을 기쁘게 해주는 것. 이것 하나다. 내가 생각의 몰입을 돕는 커피 브랜드 이드커피를 만들고, 경사로운 날 사람들이 모여 잔치를 할 수 있는 모임 공간 잔치집, 그리고 일상에서 해방되어 황홀한 고립을 즐기는 모듈러 호텔 아우토프를 만드는 이유다.

호텔의 지역별 특성, 건물의 특징, 부동산 상황에 따라 다를 수는 있지만 호텔을 층별로 뜯어보면 대개 1층엔 카페, 2층엔 라운지와 연회장, 3층엔 식음업장, 지하엔 피트니스센터와 각종 콘텐츠 등 수직적인 구조다. 내가 당장 호텔을 올릴 수 있는 것은 아니니 각 층에 들어가는 것들을 하나씩 꺼내 미리 브랜드를 만들고 나중에 하나로 합치면 호텔이 완성되지 않을까?

지금까지 150군데 넘는 호텔을 다니며 얻은 다양한 인사이트에 대해 이야기를 나눴다. 종합해보니 메이킹 머니의 핵심은 하나로 귀결되었다. 내가 가진 능력으로 누군가의 입장에 서서 상대방을 기쁘게 해주는 것이다. 어떤 분야든 마찬가지다. 상대방의 고민이나 불만을 해결해줌으로써 기쁘게 해줄 수도 있고, 어떤 욕망을 이룰 수 있게 도와줌으로써 행복하게 해줄 수도 있다.

소중한 사람에게 선물할 때의 과정과 비슷하다. 상대방이 무엇을 좋아하는지, 어떤 게 필요한지부터 생각하는 것이다. 브랜드도 마찬가지다. '나는 이 일을 왜 하는가?'로 시작해 '그래서 나는 어떻게 상대방을 기쁘게 할 수 있을까?'로 정리되어야 메이킹 머니에 시동을 걸 수 있다. 사실 엄청나게 특별한 무언가는 없다. 우리가 다 알고 있는 본질적인 것들이 메이킹 머니의 지름길이다.

기술이 급속도로 발전하고 하루가 다르게 변해가는 세상에서 모두가 빠름을 외친다. 모두가 'how'에 대해 이야기할 때 누군가는 'why'에 대해 이야기해야 하지 않을까 생각했다. 그래서 우리 모두가 오래가는 브랜드, 오래가는 사람이 되기 위해 좀 더 본질적인 이야기를 해보고 싶었다. 이 책의 프롤로그에서도 이야기했듯이 내 이야기가 정답은 아니다. 하지만 생각의 폭이 확장되고, 호텔을 바탕으로 다양한 힌트를 얻었으면 한다. 이 책을 덮은 뒤 여러분이 하고 있는 일에 실제로 적용해보기를 바란다. 나 또한 호텔을 세우는 그날까지 여러 멋진 호텔을 통해 더 많은 인사이트를 배우며 내 길을 걸어갈 것이다.

KI신서 11608

나는 브랜딩을 호텔에서 배웠다

사비 털어 호텔 150군데 다니고 찾아낸 돈 버는 마케팅 인사이트 23

1판 1쇄 발행 2024년 1월 3일
1판 2쇄 발행 2024년 2월 21일

지은이 정재형
펴낸이 김영곤
펴낸곳 (주)북이십일 21세기북스

인문기획팀장 양으녕 **책임편집** 서진교
교정교열 김경수
디자인 studio forb
출판마케팅영업본부장 한충희
마케팅2팀 나은경 정유진 박보미 백다희 이민재
출판영업팀 최명열 김다운 김도연 권채영
e-커머스팀 장철용 전연우 황성진
제작팀 이영민 권경민

출판등록 2000년 5월 6일 제406-2003-061호
주소 (10881) 경기도 파주시 회동길 201(문발동)
대표전화 031-955-2100 **팩스** 031-955-2151 **이메일** book21@book21.co.kr

(주)북이십일 경계를 허무는 콘텐츠 리더

21세기북스 채널에서 도서 정보와 다양한 영상자료, 이벤트를 만나세요!
페이스북 facebook.com/jiinpill21 **포스트** post.naver.com/21c_editors
유튜브 youtube.com/book21pub **인스타그램** instagram.com/jiinpill21
홈페이지 www.book21.com

당신의 일상을 빛내줄 탐나는 탐구 생활 〈탐탐〉
21세기북스 채널에서 취미생활자들을 위한 유익한 정보를 만나보세요!

ⓒ 정재형, 2023
ISBN 979-11-7117-294-8 (03320)